高等教育体育专业通用教材
人才培养质量建设——武术与表演学院专业建设与人才培养项目成果

大型文体表演组织与编排

王 锦 编著

北京体育大学出版社

策划编辑：佟　晖
责任编辑：佟　晖
责任校对：未　茗
版式设计：博文宏图

图书在版编目（CIP）数据

大型文体表演组织与编排 / 王锦编著. -- 北京：北京体育大学出版社, 2018.5（2023.3重印）
ISBN 978-7-5644-2913-3

Ⅰ. ①大… Ⅱ. ①王… Ⅲ. ①体育－表演艺术－组织管理 Ⅳ. ①G807.4

中国版本图书馆CIP数据核字(2018)第108428号

大型文体表演组织与编排　　**王锦　编著**

出版发行：北京体育大学出版社
地　　址：北京海淀区农大南路1号院2号楼2层办公B-212
邮　　编：100084
网　　址：http://cbs.bsu.edu.cn
发 行 部：010-62989320
邮 购 部：北京体育大学出版社读者服务部 010-62989432
印　　刷：北京建宏印刷有限公司
开　　本：710mm × 1000mm　　1/16
成品尺寸：170mm × 240mm
印　　张：14.5
字　　数：242千字
版　　次：2018年5月第1版
印　　次：2023年3月第3次印刷
定　　价：60.00元

图 1　2008 北京奥运会–画卷

图 2　2008 北京奥运会–画卷 2（摄影：林毅）

图 3　2008 北京奥运会–活字模（摄影：林毅）

图 4　2008 北京奥运会–书简（摄影：林毅）

图 5　2008 北京奥运会—书简 2（摄影：林毅）

图 6　2008 北京奥运会—丝路（摄影：林毅）

图 7　2008 北京奥运会—礼乐（摄影：林毅）

图 8　2008 北京奥运会—地球

图 9　2008 北京奥运会–人体鸟巢

图 10　2012 伦敦奥运会–工业革命

图 11　2012 伦敦奥运会–钢铁五环

图 12　2012 伦敦奥运会–田园

图 13　2014 南京青奥会筑梦之塔 1

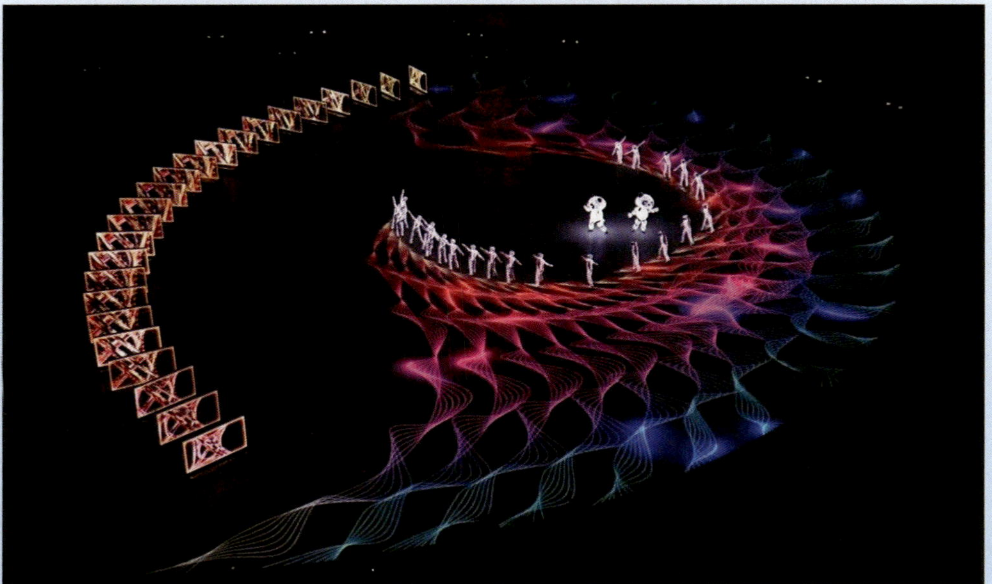

图 14　2018 平昌冬奥会“北京 8 分钟”1

图 15　2018 平昌冬奥会“北京 8 分钟”2

图 16　云南沧源崖画

图 17　舞蹈纹彩陶盆 1

图 18　舞蹈纹彩陶盆 2

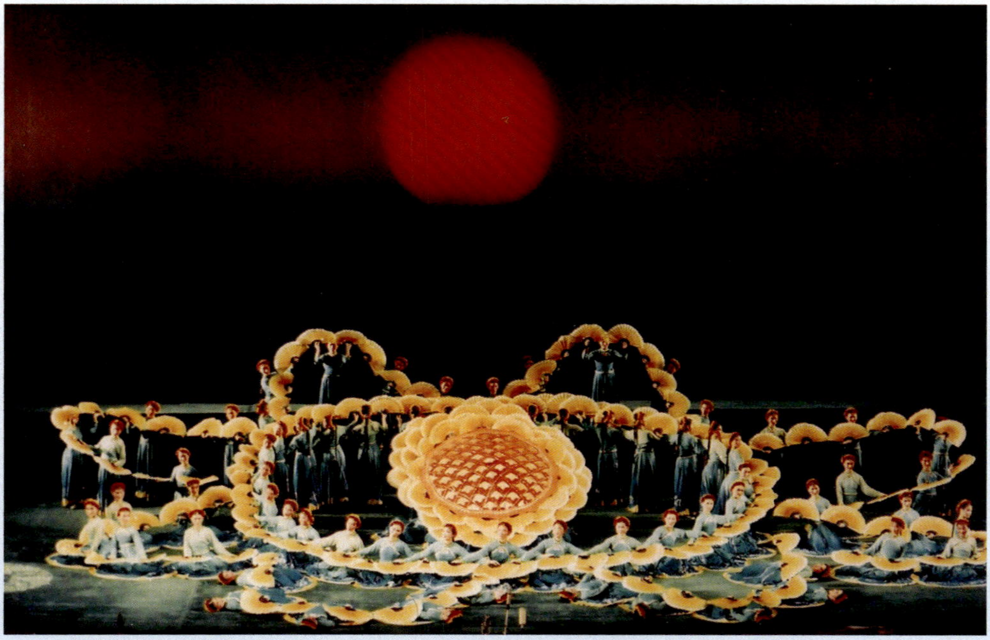

图 19　1964 年音乐舞蹈史诗《东方红》1（中国舞蹈家协会提供）

图 20　1964 年音乐舞蹈史诗《东方红》2（中国舞蹈家协会提供）

图 21　2014 南京青奥会筑梦之塔 2

图 22　2014 南京青奥会筑梦之塔 3

图 23　音乐舞蹈史诗
《复兴之路》1
（摄影：叶进）

图 24　音乐舞蹈史诗《复兴之路》2（摄影：叶进）

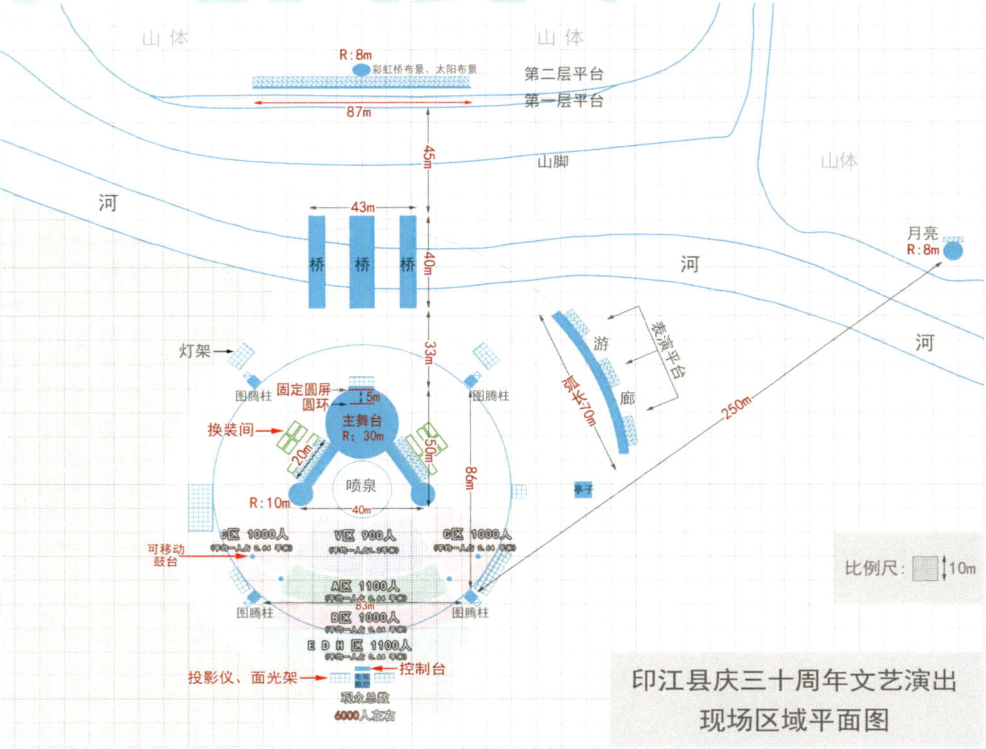

图 25　可变式表演空间平面图（设计：刘罡）

图 26　可变式表演空间效果图-主舞台 1（设计：刘罡）

图 27　可变式表演空间效果图–主舞台 2（设计：刘罡）

图 28　可变式表演空间效果图–主舞台 3（设计：刘罡）

图 29　可变式表演空间效果图–山体舞台（设计–刘罡）

前　言

随着社会与体育文化事业的发展，世界许多国家的各级各类大型运动会和大型庆典活动都将文体表演作为活动的重要内容。文体表演已经从最初的“集体做体操”，经历“群众性体育表演”阶段，发展成为“广场体育艺术”，再到现在被称之为“大型文体表演”。就现有各种资料来看，这种大型活动形式过去一直被界定为“团体操”，其概念多达十余种，它们有着共同特点，也有着不同之处，但有一点十分明显，其表演主题鲜明、表演内涵多以弘扬奥林匹克精神为主，具有时代特征。现阶段，由于大量的艺术表现形式和高科技艺术表现手段的运用，“团体操”的名称已不能涵盖这种大型的文体表演活动，我们暂且将这种融历史文化、体育艺术、科技手段于一体的大型表演活动称之为“大型文体表演”。

在我国，承担大型文体表演的群体以体育与艺术专业学生、社会文艺表演团体、文体健身爱好者和部队战士为主，但是能够组织、策划大型文体表演的人才极度缺乏。为此，高等学校加强了相关专业的课程建设和人才培养力度，在全国部分体育艺术专业开设了大型文体表演或大型文体表演组织与编排这门课，本教材就是为这门课的开设而编写。

本教材的编写，在充分吸收了毛学信等老一辈新中国团体操表演理论专家对团体操的理论建构与经验总结的基础上，结合全国体育院校孟昭鑫等专家对现代大型文体表演的理论梳理与界定，突出体育与艺术相结合的指导思想，吸收了近几年大型运动会开、闭幕式文体表演和大型庆典活动表演的新形式、新技术、新手段作为例证素材，以大型文体表演的编创方法和组织步骤为核心，注重教材编写的时代感和实用性，以培养学生的想象力、创造力、编排能力和组织能力。

本教材主要是在作者近几年教学实践的基础上，加以凝练、补充和完善而成。全书共分3个部分，主要内容包括：第1部分为大型文体表演概述，包括大型文体表演基本概念、大型文体表演的历史梳理等相关内容；第2部分为大型文体表演的编创，包括构思与创意、表演动作编创、空间构图设计、辅助艺术构成等相关内容；第3部分为大型文体表演的组织与排演步骤，包括筹备与策划、排练与合成等相关内容。

在本教材编写过程中，我的硕士生导师潘志涛教授给予了精心指导，首都体育学院武术与表演学院王向宏院长给予了大力支持，对此表示衷心的感谢。本教材照片由摄影家叶进、林毅提供，插图由中央民族歌舞团舞美设计师刘罡与中国传媒大学动画学院陆海同学绘制，在此深表感谢。本书在撰写过程中引用了相关著作、论文和图片，在这里对相关著作、论文、图片的作者表示诚挚的谢意。在本书编写过程中，还得到王少甫、邹延艾、张学刚、孟昭鑫、陈为丹、李颜妮等前辈和朋友们，以及首都体育学院舞蹈与音乐教研室全体教师的大力帮助，在此一并表示感谢！

限于时间和本人的水平，书中难免存在不足之处，敬请读者批评指正，并希望多提宝贵意见。

王　锦

2018 年 3 月

目　　录

第1部分　大型文体表演概述

第2部分　大型文体表演的编创

第 1 部分

大型文体表演概述

【导　言】

大型文体表演是一项既古老又年轻的文体艺术表演形式，通过第一章和第二章理论基础知识的学习，可以了解大型文体表演的起源、发展与趋势，熟悉大型文体表演的分类和作用，掌握大型文体表演的概念、要素和特点，为后面进行组织与编排的学习奠定良好的理论基础。

第一章
大型文体表演基本概念

第一节　大型文体表演的概念与基本要素

一、什么是大型文体表演

大型文体表演是一项融历史文化、体育艺术、科技手段于一体，由众多表演者在特定场（馆），以各种不同内容的文体表演形式为主体，充分运用各种巧妙的队形变化创造出绚丽多彩的画面和造型，并配以音乐、服装、道具、舞美、灯光、多媒体数字影像、舞台特效等多种艺术和高科技手段所构成的，能综合性表达并展现一定主题内容、情景和氛围的集体表演项目。

二、大型文体表演的基本构成要素

（一）表演动作

在大型文体表演活动中，最重要、最基础的就是表演动作，由表演者表演的各种动作是构成大型文体表演最小最基本的元素，一个个生动的表演动作通过精心的设计与编排，联结起来构成雄壮多彩的艺术表演画面。历届大型文体表演中，多以文艺类动作、体育类动作为主，以模仿类动作和民间技艺类动作为辅，用不同风格不同形式的人体动作表现特定的主题和情感。

（二）队形构图

大型文体表演中的队形和构图，是依靠每一个表演者有序地组成千变万化的队形来构成视觉艺术构图，表达特定的主题和内容。现在多结合多媒体数字影像画面、图案与表演者共同完成艺术表现，更利于主题思想、活动宗旨的表达和艺术形象的塑造。队形构图主要包括进场队形、表演队形和退场队形三大类，由不同线条、形状的流动线和图案组成。

（三）辅助艺术形式

现代大型文体表演除了具备生动的表演动作与丰富的队形图案，还需要悦耳动听的音乐、美轮美奂的服装、独特新颖的道具，以及烘托主题气氛的背景、场景、灯光等舞美效果和焰火、威亚等特殊表演效果构成。这些辅助艺术形式是现代大型文体表演重要的组成部分，它是展示一场大型文体表演综合艺术水平最明显、最直接的因素。辅助艺术形式的巧妙运用能够丰富表演的形式，增强表演内容节奏感、色彩感和层次感，充分展现表演主题和时代精神，起到画龙点睛的作用。

第二节　大型文体表演的特点与分类

一、大型文体表演的特点

（一）主题鲜明性

大型文体表演一般是为运动会开幕式或完成某项庆典活动而组织的集体性表

演活动。开幕式表演的主题是文体表演思想内容核心，它贯穿整个表演始终，每一场表演都有明确的目的性和思想性，通过各场次不同形式内容的展现共同烘托主题。大型文体表演创作和主题选择往往以展现国家辉煌成就、历史文化、经济发展、民族精神、地域特征和活动性质为目的。因此，世界许多国家各级各类运动会或大型庆典活动都将文体表演作为重头戏，为开幕式增添热烈隆重和振奋人心的气氛，以展现举办国、举办城市的文化与文明，达到提高国家声望和文化影响力的目的，弘扬民族文化和奥林匹克精神。

例如，2004 年，雅典奥运会开幕式大型表演以“希腊海洋”为主题，主创人员将“爱琴海”搬进开幕式会场，体育场中央场地内灌装 2000 多吨水，形成一片“人造爱琴海”，奥运会开幕式背景便在“海水”与陆地之间神奇地变幻着。加上效果极佳的高科技光影手段和绚烂多彩的烟花交相运用，奥运会开幕式变成了梦幻之境。古希腊文明发展与演进、神话传说、建筑文明和雕塑等，都在开幕式上得以神奇地“重现”。

（二）体育艺术性

大型文体表演是在团体操基础上逐渐发展形成的，团体操在 19 世纪诞生时，仅仅是一种集体操练活动形式，随着时代变迁和自身发展，团体操概念被拓宽了，其表演内容和形式也日益丰富，发展为以体育尤其是体操内容为主的表演：如艺术体操、健美操、啦啦操、技巧、街舞，体育舞蹈、花样游泳、花样滑冰、武术，以及各种特色民族体育表演，逐步增加了许多艺术表演内容和形式，舞蹈、杂技、戏剧、书法、声乐、器乐、民间锣鼓、花卉、时装表演等融入大型开幕式表演中，并且结合音乐、服装、道具、舞美、灯光、多媒体数字影像、舞台特效等多种艺术和高科技手段，使文体表演不仅具有鲜明的体育特色，还具有绚丽多彩的艺术魅力，使运动会开幕式大型表演成为一种体育与艺术高度结合的广场艺术表演项目。

（三）团体协作性

大型文体表演是一项阶段性临时表演活动，从表演筹备立意开始，到正式演出结束，是一项复杂而细致的系统工程。其表演规模可大可小，表演程度可难可易，可在室内、也可在室外广场举行。由于参与表演人数多，涉及单位多，表演所需用具多，以及对表演效果要求高等，使得对表演的组织工作要求也高。为了达到预期表演目的，需要全体组织人员、编导人员、工作人员和表演人员不懈努力与通力协作才能保证大型文体表演活动顺利进行。因此，各机构工作人员应做到分工明确，各尽其责，无论从活动组织上、设施配备上，还是创编、训练、预演到正式演出每一个环节，都应做到方案严谨、组织严密、计划周密和各方协作，才能确保大型文体表演活动万无一失，使表演顺利完成。

（四）气势宏伟性

大型文体表演一般是在大型运动场（馆）中进行，由于场地大、空间高，观众距表演区远，表演设施必须与之相适应，不仅要满足现场几万名观众观看表演需要，还要满足上亿名电视观众的欣赏需要，同时还要为运动会或庆典活动增添热烈、隆重的气氛。因此，大型文体表演设计一般以场面宏大、气势恢宏为主，不追求细腻表现和复杂情节，注重展示雄伟壮观气势，勾画出宏伟蓝图。因而在创编时，尽量利用人多势众和多种艺术表现手段的运用，体现大场面、大色块、大节奏、大变化等特点；在表演动作编创的基础上，再充分运用各种舞美手段，将文体表演与高科技联姻，营造场景大空间、背景巨画面、内容广视角、变化大纵深、表演立体化等多种艺术效果，展现壮观场面和宏伟气势。

（五）内容综合性

现代大型文体表演综合了表演艺术（体育、歌舞、戏剧）、语言艺术（解说、诗、白）、造型艺术（舞美场景）等各种艺术，在主题思想统一贯穿下，将各种艺术元素融合在一起形成一种气势宏大、又具有体育特色的综合性艺术表演。表演内容丰富多彩，表演形式不拘一格，有不同类型的表现体育内容和体育精神的体育艺术表演，也有舞蹈、音乐、曲艺、杂技和体现历史文化、民间特色、时代精神的艺术表演。

（六）手段科技性

随着现代科技快速发展，大型文体表演现代化科技手段的应用已成为时代要求和出奇制胜的重要因素。1984 年洛杉矶奥运会空中飞人降临显示了高科技应用于开幕式表演的轰动效应。20 世纪 90 年代以来，在大型体育庆典活动中越来越多地采用激光灯、电脑灯等，产生了五光十色、绚丽多彩的表演效果：例如，2000 年悉尼第二十七届奥运会开幕式中空中激光构图的运用。LED 显示屏与人体表演的结合已成为各种大型文体表演活动最常见的一种表现方式，例如 2006 年多哈第十五届亚运会开幕式上展示了当时世界上最大的 LED（Light Emitting Diode，发光二极管）液晶显示屏；2010 年广州第十六届亚运会开幕式上 LED 视频画面图案与人体配合的和谐表演等。近年来在大型文体表演活动中使用投影技术、激光显示、全息技术、大型器械场景和人工智能也成为营造大型文体表演奇特演出效果必不可少的手段和发展趋势，例如 2008 年北京第二十九届奥运会开幕式神奇画卷、李宁点火奔跑投影画面、活字模升降舞台和地球等大型器械的运用（见彩图 1 – 9）；2012 年伦敦第三十届奥运会开幕式真实田园场景和工业革命场景的再现（见彩图 10 – 12）；2014 年南京第二届夏季青奥会开幕式采用激光显示和全息成像技术将整个体育场幻化成浩瀚的宇宙星空和巨大的天体运行（见彩图 13），创造了地面影像、虚拟影像与舞台表演的完美结合；2018 年平昌第二十三届冬奥会开、闭幕式大量采用高科技舞台影像与演员的互动表演，1218 架无人机点亮奥运五环，以及“北京 8 分钟”表演 24 个载着“冰屏”跳出华丽舞步的移动机器人与轮滑少年的穿梭互动，更体现了人工智能在大型文体表演中的巧妙运用（见彩图 14、15）。

二、大型文体表演的类型划分

从文体表演发展来看，其分类方法也有很多不同。根据大型文体表演的活动性质可分为运动会开幕式表演、各种庆典活动表演和商业化宣传表演；根据结构可分为单场次、多场次和行进式表演；根据场地可分为室内、室外、冰上和水中表演；根据时间可分为白天和夜间表演等。

（一）按性质划分

1. 运动会开幕式表演

运动会开幕式表演是指各级各类运动会开幕式上所进行的文体表演。

2. 庆典活动表演

庆典活动表演是指在各种庆典活动、重大庆典节日或重大博览会议上进行的表演。

3. 商业化宣传表演

商业化宣传表演是指为了达到商业化宣传目的而进行的各种表演。如韩国三星集团专门为三星手机销售超过千亿而创作团体操表演，以宣传企业文化。

（二）按结构划分

1. 单场次文体表演

单场次文体表演是指只有一场表演内容的表演，因而一般时间都较短。

2. 多场次文体表演

多场次文体表演是指由多个单场次表演组合而成的表演，它可以是由一个主题贯穿连接多场次表演整体，也可以是多场次表演汇集。

3. 行进式文体表演

行进式文体表演是指在行进过程中展示不同题材表演内容的表现形式，如国庆阅兵和游行表演等。

（三）按表演场地划分

1. 室内文体表演

室内文体表演是指在体育馆内、剧场内、大会堂等场所的文体表演。

2. 室外文体表演

室外文体表演是指在室外体育场、运动场或广场以及特殊场地的文体表演。

3. 冰上文体表演

冰上文体表演是指在冰面（天然或人造冰）上的文体表演。

4. 水中文体表演

水中文体表演是指在泳池或人工特制水上的文体表演。

（四）按时间划分

1. 白天表演

白天表演是指在日光照射下进行的各种文体表演，大多是以不同形式动作展示，队形变化并配以音乐、服装、道具、背景等的表演。

2. 夜间表演

夜间表演是指利用夜晚，并借助灯光、焰火、多媒体数字影像和各种舞美手段完成的文体表演。

思考题

1. 什么是大型文体表演?
2. 大型文体表演由哪些基本要素构成?
3. 大型文体表演的特点有哪些?
4. 简述大型文体表演的分类。

第二章 大型文体表演的起源与发展

第一节　大型文体表演的起源

一、我国大型文体表演的历史溯源

中国古代文体表演起源可追溯到3000多年前。在我国云南沧源佤族自治县境内的丛山之中，发现了一组3000多年前古人作的崖画，这些色彩斑斓、构图古朴的画面中有三人、双人操舞数组：三人一组每人左臂斜举，右臂斜垂；两人一组一人右手叉腰、左手搭在另一人右肩上，一人双手斜垂（见彩图16）；一组五人组成一朵梅花形状，十条腿构成一个五角星，与现代文体表演中造型十分相似（图2－1－1）。马家窑出土彩陶盆图案记录的分组群体舞蹈，伴有一定韵律节奏和队形变化，在形式上都属于“连臂踏歌”，再现了原始氏族“圈舞”的情景，体现了原始表演的集体性和仪式性（见彩图17、18），证明在那时我们的祖先就有了队形构图的意识。在广西壮族自治区左江流域数县临江的悬崖峭壁上发现了规模较大的

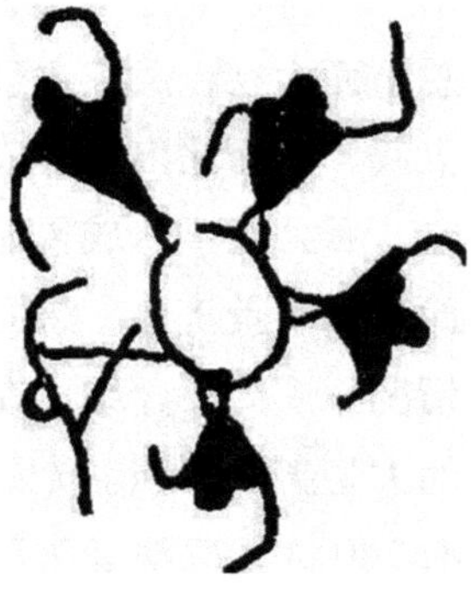

图2－1－1

古代岩画，为春秋至东汉时期的作品。其中有一幅“花山岩画”被学者们认为是氏族祭祀祖先的盛大歌舞，或者是部落英雄崇拜的祭祀舞蹈。这些为我们提供了古代文体表演的宝贵资料。

除图像资料外，还有很多古代文献也记录了我国古代大型文体表演活动的盛况。从《商颂·那》可以得知商代大型祭祀乐舞的场面：“猗与那与！置我鞉鼓。奏鼓简简，衎我列祖。汤孙奏假，绥我思成。鞉鼓渊渊，嘒嘒管声。既和且平，依我磬声。於赫汤孙！穆穆厥声。庸鼓有斁，万舞有奕。我有嘉客，亦不夷怿。自古在昔，先民有作。温恭朝夕，执事有恪，顾予烝尝，汤孙之将。”商代，以乐舞的盛大来表示对先祖的尊崇，以此求取祖先之神的庇护佑助。用乐舞祭祀，到了周代，已建立起严格的雅乐制度。《周礼·春官》记载：“乃分乐而序之。以祭，以享，以祀。乃奏黄钟，歌大吕，舞《云门》，以祀天神；乃奏太簇，歌应钟，舞《咸池》，以祭地祇；乃奏姑洗，歌南吕，舞《大韶》，以祀四望；乃奏蕤宾，歌函钟，舞《大夏》，以祭山川；乃奏夷则，歌小吕，舞《大濩》，以享先妣；乃奏无射，歌夹钟，舞《大武》，以享先祖。凡六乐者，文之以五声，播之以八音。”由此得知，“六乐”也称“六大舞”或“六代舞”，是周代的成套祭祀乐舞，都是在周公旦的主持下通过对此前舞蹈的集中、整理和加工编排而成。其中，《云门》为皇帝之乐，《咸池》为尧之乐，《大韶》为舜之乐，《大夏》为禹之乐，《大濩》为商之乐，《大武》为周之乐。《大武》是周代“六大舞”中较具代表性的乐舞，反映了周武王灭殷伐纣的历史，歌颂了武王的显赫战功，是周代的新作。《礼记·乐书》具体叙述了《大武》的六段内容：“子曰：居，吾语汝。夫乐者，象成者也。总干而山立，武王之事也；发扬蹈厉，太公之志也；武乱皆坐，周召之治也。且夫武，始而北出，再成而灭商，三成而南，四成而南国是疆，五成而分陕，周公左，召公右，六成复缀，以崇天子，夹振之而四伐，盛（振）威于中国也。分夹而进，事蚤济也。久立于缀，以待诸侯之至也。”孔子的这段话将《大武》的表演情况作了简要介绍，在今天看来，《大武》是一个有诗、有乐、有舞、有特定主题的大型男子表演。《旧唐书·音乐志》记载：武则天创制了《圣寿乐》，表演人数有 140 人，表演者头戴金色铜冠，身着五彩画衣。这种舞衣在跳舞时可以迅速变换颜色，而且队形每变一次，即排成一个新字。《圣寿乐》的形式就是组字，用舞蹈队形的变化组成歌颂当朝皇帝的十六个字“圣超千古，道泰百王，皇帝万岁，宝祚弥昌。”唐代著名诗人王建所写古诗“罗衫叶叶绣重重，金凤银鹅各一丛，每遍舞时分两向，太平万岁字当中”就是对这种“字舞”盛况的描述。据宋人周密著的《齐东野语》载，当时州郡遇到盛大节日，也往往进行“字舞”和“花舞”表演，这种“字舞”和“花舞”表演开始是一种在宫廷中为帝王后妃或使节访问时祝酒歌舞表演，后来发展成为民间庆祝节日的一种形式。清代“队舞”和“字舞”表演在继承前代“字舞”和“花舞”表演基础上又有了新发展。晚间持灯操练，并口唱太平歌；先排单字，后排组字，这些都可算是大型文体表演的雏形。

二、国外现代文体表演的源起

现代文体表演始于德国团体操。19 世纪初，在德国体操俱乐部做体操时，并不是在教师或指导者口令下集体练习，而是采用课题式自由练习法。1810—1858 年，号称德国“体操之父”的阿特尔夫 · 施皮斯创立了体操学校，并采用特殊方法指导体操练习。即在教师统一号令指挥下集体进行秩序运动、行进间运动、器械体操、徒手体操、道具体操等，当时把这些形式称为“合同体操”，“合同体操”被认为是最能发挥指导效果方法，这种方法后来在军队和学校广为应用，到 20 世纪进一步发展成为供人们观赏的体操，又被称为“表演体操”，这与现代文体表演概念和内容很相似，可称为文体表演雏形。1862 年，捷克斯洛伐克在庆祝体育协会成立大会上首次举行了盛大的团体操表演，从此大型文体表演的形式在世界范围逐步兴起。

第二节　大型文体表演的发展

一、我国大型文体表演的发展

（一）新中国成立之前的发展

在新中国成立之前大型表演的形式局限于19世纪中叶的团体操表演。1890年，上海成立了第一所中国体操学校，其教学中徒手体操、兵士体操、武术以及舞蹈、音乐等内容逐步影响着大、中、小学体育教学，表演形式由开始时的平时集体操练，发展到在一些运动会开幕式上进行集体表演。从此，我国团体操表演以一种宏大而独特的运动形式面向世人。最早一次规模较大的表演是1907年在南京宁垣学界第一次联合运动会开幕式上的表演，当时有80多个学校分别进行了队列行进、兵士体操、普通体操、舞蹈表演等，从规模和内容上奠定了文体表演的基础。

新中国成立前，运动会开幕式的表演都非常简单。据资料记载，新中国成立之前曾举行过七届全国运动会（表2－2－1）。第一届至第三届全运会（1910年、1914年、1924年）开幕式上没有任何表演。第四届全运会（1930年）在杭州举行，开幕式上只有一些简单表演，5000名小学生进行了简单徒手操表演。第五届全运会（1933年）在南京中央体育场举行，有41所小学2300余人身着统一色彩服装，站成散点队形，在统一口令指挥下表演了“太极拳”，这是旧中国首次在全运会开幕式上表演具有一定规模并带有浓郁民族色彩的团体操。第六届全运会（1935年）在上海大体育场举行，开幕式上有36所学校的3000多名小学生表演了太极拳、童子军检阅，还有工人团体表演、武术表演和器械操表演等。第七届全运会（1948年）在上海江湾体育场举行，开幕式上有6000名小学生参加了大会操表演，有轻器械体操、叠罗汉、组字图案和队形变化等，并以儿童乐队和钢琴伴奏形式指挥着团体操表演，使团体操表演开始与艺术结合。但这些表演仍比较简单，可视为中国团体操发展萌芽阶段。

表 2－2－1　新中国成立之前全运会开幕式情况简表

新中国成立之前举行的全国运动会开幕式情况		
届名	时间（年份）	内容及形式
第一届	1910	没有表演
第二届	1914	没有表演
第三届	1924	没有表演
第四届	1930	徒手体操
第五届	1933	太极拳
第六届	1935	太极拳、童子军检阅、工人团体表演、武术表演、器械操表演
第七届	1948	轻器械体操、叠罗汉、组字图案、队形变化，儿童乐队和钢琴伴奏。

（二）新中国成立之后的发展

新中国成立后，党和政府十分重视体育工作，团体操也和其他运动项目一样得以普及并迅速发展，为此我国大型综合类运动会开幕式表演从最初的团体操形式逐步发展为大型文体表演。我国大型文体表演从总体发展来看可划分为 2 个时期，7 个阶段：

1. 团体操发展时期

（1）第一阶段（20 世纪 50 年代）：系统化形成阶段

1949 年 10 月，为庆祝新中国诞生，在北京先农坛体育场举行的“北京市人民体育代表大会”开幕式上，组织了各项表演和田径比赛。表演内容由参加单位自行创作，包括体操（团体操、器械体操）、舞蹈（秧歌舞、边疆舞）和民间技艺等。北京新生中学 2000 多名学生分成 16 人一组小麦形队伍，在腰鼓伴奏下步入会场，然后进行队形变化、组字，最后组成一个硕大五角星图案，并从中央放出和平鸽，使表演新颖独特、寓意深刻，该表演获得本次表演特别奖；华北大学表演的《万岁！中华人民共和国》，北京师范大学附属小学表演的《老鹰捉小鸡》，回民学校表演的《叠罗汉》、北平光华女子中学表演的《大团结操》等均获得奖励。在本次代表大会上，各地均派团参观了表演，这对全国开展团体操影响较大。此后，北京、上海、天津、大连等城市分别组织了不同规模的团体操表演。

1955 年 8 月在北京先农坛体育场举行的第一届中国人民解放军体育运动会上，有 3000 名学生进行了各种团体操表演。1955 年 10 月在北京先农坛体育场举行了第一届工人运动会，首都体育学院和另外两个单位联合表演了团体操。第一场以广播体操表演为主并组成了“和平鸽图案”；第二场是女中学生表演以《幸福生活》为主题的团体操；第三场是以《第一个五年计划》为主题的团体操，这次表演第一次设有简单小面积组字背景，我国领导人刘少奇、朱德、周恩来等同志第一次亲临现场观看了团体操表演，这也是全国大型运动会开幕式专场团体操表演的开端。

1956 年 8 月在青岛举行的第一届全国少年运动会开幕式上，青岛市组织 1 200 名男女学生表演了主题为《在党的阳光下健康成长》的团体操。

1959 年 9 月在北京工人体育场举行了第一届全运会，开幕式以《全民同庆》为主题，参加大型团体操演出的有 7 823 人。当时在国家体委主持工作的贺龙同志要求大会组织得隆重、精彩，出好成绩，向国庆 10 周年献礼。为了完成表演任务，1958 年 8 月组织成立了团体操编委会，这是中国有史以来首次在统一主题下将多场次表演有机地组织起来，并用音乐指挥全场表演，形成了一个完整的表演作品。本次表演采用了民族舞蹈、武术、技巧和徒手操等动作，以及符合各场特点的音乐、服装、道具，鲜明地反映了我国团体操民族特点和风格特点。《全民同庆》的成功演出，标志着团体操由过去单场表演或数场操汇演，发展到统一主题下多场次表演阶段，开创了我国大型团体操集体创作、系统构思、组织训练相结合的新局面，从而建立了团体操理论体系，使中国团体操走向系统化发展阶段。

（2）第二阶段（20 世纪 60 年代）：突破性飞跃阶段

1965 年 9 月在北京工人体育场举行了第二届全运会。开幕式上，有 16360 人参加了大型团体操《革命赞歌》的表演。它以鲜明的主题、严谨的结构、雄伟壮观的场面、气势磅礴的音乐、新颖独特的动作和整齐划一的表演引起国内外强烈反响。第一次在全运会上出现了由 8 568 人组成的大型背景表演，使开幕式表演主题更加鲜明突出、画面更为生动形象，不但有效地扩大和美化了表演场面，而且大大地增强了团体操表演气势和艺术效果，使团体操表演迈向一个平面与立体化结合的表演新阶段，这也是中国团体操整体艺术水平一次突破性飞跃。

同时期，1964 年在毛泽东主席的亲切关怀下诞生新中国首部音乐舞蹈史诗《东方红》（见彩图 19、20），整个作品通过音乐、诗词、歌舞等艺术形式，概括地表现了中国人民在以毛泽东同志为首的中国共产党的领导下，所进行的反帝、反封建、反对官僚资本主义的艰苦卓绝的革命斗争。周恩来总理亲自倡议和领导了这部作品的创作、排演和电影摄制工作，整个作品由首都及全国三千多名专业、业余文艺工作者联合演出。《东方红》继承了中国歌舞艺术的传统，发扬了中国人民所喜爱的载歌载舞的形式，采用了歌舞、大合唱、齐唱、独唱、群舞、独舞等多种艺术表现方法，并且有民族乐队和西洋管弦乐队联合演奏。全部史诗由 30 多首曾在历史上产生广泛影响的革命歌曲和 20 多个舞蹈组成，其中包括 5 个大合唱、7 个表演唱，穿插 18 段诗朗诵，变换场景 37 处。

（3）第三阶段（20 世纪 70 年代）：综合性发展阶段

20 世纪 70 年代，我国团体操在已形成统一主题下多场次表演结构模式基础上进一步完善和成熟。1972 年 9 月在北京首都体育馆举办第一届亚洲乒乓球锦标赛，开幕式上表演了以《小松树快长大》为主题的团体操。1973 年 8 月，北京首都体育馆举行的第一届亚非拉乒乓球友好邀请赛开幕式，充分利用馆内灯光效果，成功地组织了室内团体操《银球传友谊、乒坛花盛开》的精彩表演。1975 年 9 月在北京工人体育场举办了第三届全运会，开幕式上，有 2.2 万余人参加了大型团体操《红旗颂》表演，这场表演主题鲜明，场面壮观，气势磅礴。此次表演中集体配合动作在创编方面有了进一步发展和完善，其中波浪动作发展到了 9 种类型。同时背景也由原来露头背景发展为不露头背景，使画面更加清晰完整，活动画面变化手法也更为多样，背景表演更为丰富，本届团体操表演也被视为这一时期代表作品。1979 年 9 月在北京工人体育场举行了第四届全运会，开幕式上，又一次成功地组织了近 1.6 万人参加大型团体操《新的长征》表演。这次创编构思突出了体育表演特点，表演服装以运动服为主，并且运用了健美、体操、技巧、舞蹈以及儿童团体操和高空滑降等动作表现主题，博得观众好评。

（4）第四阶段（20 世纪 80 年代）：新天地开辟阶段

20 世纪 80 年代，这一时期全国性大型运动会多达九次。1982 年 9 月在内蒙古自治区呼和浩特市举行第二届全国少数民族传统体育运动会，开幕式上进行了以《民族盛会》为主题的团体操表演。1983 年 9 月在上海江湾体育场举行第五届全运会，开幕式首次以文体表演形式出现，主题为《百花迎春》，共 6 个场次表演，无背景，但首次尝试了由 1000 人组成合唱队在背景台上为文体表演伴唱，从而也为开幕式表演向多种式发展做了一次有益尝试。1985 年 9 月在北京举行了第二届全国工人运动会，开幕式上组织了 3000 余人参加团体操表演。1985 年 10 月在郑州举行第一届全国青少年运动会，开幕式上组织了 12000 人参加大型团体操《奋飞》表演。1986 年 8 月在大连举行第二届全国大学生运动会，开幕式上组织了 3000 人参加团体操《奋进》表演。1986 年 8 月在乌鲁木齐举行第三届少数民族传统体育运动会，开幕式上几千名表演者参加了大型团体操《天山盛会》表演。1986 年 8 月在鞍山举行第三届全国中学生运动会，开幕式上 4300 余名中、小学生参加了大型团体操《攀登》表演。1987 年 11 月在广州天河体育场举行了第六届全运会，开幕式上 14512 名表演者参加了大型团体操《凌云志》表演。表演共分五个场次：《迎宾》《自豪》《希望》《拼搏》《腾飞》，使用大小道具 10 余种，背景画面 32 幅，表演服装 18 种，突出了浓厚的地方特色、民族风格、时代气息。表演时间由历届的白天改为傍晚开始逐步过渡到夜间，首次使用灯光设施配合场上表演，并且巧妙地运用了大器械组合，以展示高难度竞技体操动作，给人以耳目一新的视觉冲击感，极大丰富了团体操表演内容，突破了团体操表演形式，增加了团体操表演难度和艺术效果，使其观赏性与艺术性达到一个新高度。这也是我国第一次夜间利用灯光创编大型团体操获得了成功。8000 多人大型背景和灯光配合表演，在国际上也属罕见，与场下火龙、火棒灯表演相结合，产生了在白天表演团体操难以达到的视觉效果，拓展和丰富了团体操表演形式。从此，中国团体操迈向一个与艺术高度结合的新里程，这次表演可称为 20 世纪 80 年代的代表作品。1988 年 10 月在济南举行第一届全国城市运动会，也出现了大型团体操表演。

（5）第五阶段（20 世纪 90 年代初）：综合化完善阶段

20 世纪 90 年代初，大型团体操表演如花似锦，更多将广场艺术与科技联姻，有效地将声、光、电、色、影融为一体，创造出场景大空间、背景巨画面、内容广视角、变化大纵深，表演立体化等多种艺术效果。无论是表演水平上，还是普及广度与深度上都比以前的表演有很大提高。例如，1990 年 9 月在北京举行第十一届亚运会，1992 年 3 月在广州举行第三届全国残疾人运动会，1994 年在北京举行第六届远南残疾人运动会，1992 年 9 月在武汉举行第四届全国大学生运动会，1996 年 8 月在西安举行第五届全国大学生运动会，还有第二、第三届全国农民运动会，第二、第三、第四届全国城市运动会，第四、第五届全国少数民族传统体育运动会，以及 1993 年 5 月在上海举行第十一届东亚运动会，1993 年 9 月在北京举行第七届全运会和 1997 年 11 月在上海举行第八届全运会。

1990 年第十一届亚运会开幕式大型团体操表演《相聚在北京》，被誉为 20 世纪 90 年代的代表作。亚运会是我国首次承办的国际性体育盛会。表演共分为 6 个场次：第一场，《鼓乐齐鸣》；第二场，《碧水风荷》；第三场，《中华武术》；第四场，《童星闪烁》；第五场，《体坛英姿》；第六场，《亚运之光》。其表演内容、表现形式和表演手段都较为丰富，以浓郁的民族风格、体育特点将历史与现实，传统文化与时代精神很好地结合，既体现了浓郁民族风格，又突出了强烈时代气息。作品以磅礴气势、壮观场面，向现场 7 万多名观众和全世界 20 亿电视观众展示了中华民族灿烂文化和崭新的精神风采，体现了亚运会“团结、友谊、进步”宗旨。同时也体现了“四海会宾客，五洲交朋友”亚运精神。开幕式成功演出，不但提升了中国在国际上的威望，也为日后大型文体表演和繁荣我国体育文化市场开了一个好头，从而也推动了中国大型文体表演活动的发展。

2. 大型文体表演发展时期

（1）第一阶段（20 世纪 90 年代后期至 21 世纪初）：大型文体表演形成阶段

自北京亚运会后，我国举办的各级各类大型运动会开幕式和庆典表演活动更多地采纳了文艺表演形式，呈现出体育与文艺相伴，表演与科技结合综合化发展趋势。1993 年 9 月在北京举行的第七届全运会，开幕式以文体表演的形式出现，主题为《爱我中华》。《爱我中华》分为上下 2 个篇章，7 个场次。上篇为《魂》，即《遥远火光》《黄土神韵》《丝路欢歌》；下篇为《潮》，即《浪潮》《青春节奏》《憧憬》《五星邀五环》。本届开幕式完全采用了夜间表演形式，将广场表演与灯光舞美相结合，背景用大型立交桥建筑替代，形成了立体舞台与广场表演相结合的表演形式，极大增强了广场表演的艺术效果。从此，开幕式表演进入文体表演发展的新阶段。

我国 90 年代中后期还有许多大型庆典活动。例如，1995 年北京第四届世界妇女代表大会，1997 年香港回归，1999 年澳门回归，1999 年昆明世界园艺博览会，以及 1999 年国庆 50 周年庆典活动等，均有大型表演活动。1997 年 10 月在上海举行的第八届全运会上，开幕式有 18 000 余人参加了《祖国万岁》为主题的大型文体表演。《祖国万岁》共分 3 个篇章，分别为：《伟大的民族》《奋进的时代》《腾飞的巨龙》，全剧以赞扬中华民族灿烂文化和精神魂魄为主题，展现勇往直前的时代精神和中华民族时代风貌，象征着民族崛起和改革开放以来中国巨大变化，歌颂香港回归和各民族同胞团结奋进奔向 21 世纪的精神风采。开幕式首次将点火仪式融入表演之中，使得表演新颖独特、寓意深远、美不胜收。

2001 年 11 月在广州举行的第九届全运会上，开幕式有 16000 多人参加了《盛世中华》为主题的大型文体表演。《盛世中华》分为 3 个篇章：《新世纪之光》《金色的豪情》《五彩的奔腾》，该场表演以一种写意笔法展示了中华巨龙腾飞，同时也展示了东道主广东作为龙腾盛世前沿阵地的崭新风貌，突出了广场文体表演特点，全方位地、更具现代特色地将艺术思维和综合表演手段结合起来，立足盛世今天，歌颂新时代人民激情。首次将音乐喷泉运用到大型表演现场，采用一座长 80 多米的喷泉水幕为背景，瀑布烟火与高空礼花相配合将表演推向高潮。

（2）第二阶段（21 世纪初后期至今）：高科技创新阶段

21 世纪初后期至今，大型文体表演发展到高科技创新阶段。其中舞美、灯光方面发展尤为显著。2005 年 10 月在南京举行第十届全国运动会，开幕式以《时代交响》为主题。首次采用了超大型中心舞台，舞台功能设计齐全，有可升降系统、水雾系统、水调节系统，以及大型道具变化等，从表演设计理念上与国际接轨，更加注重电视直播效果。随着科学技术迅猛发展，文体表演也越来越多地运用高科技手段，使得表演更具观赏价值。

2008 年 8 月 8 日，第 29 届奥林匹克运动会在北京举行，这是我国首次举办奥林匹克运动会。开幕式成功演出，再次证明了中国综合实力。本届奥运会开幕式以《美丽的奥林匹克》为主题，共分为两个篇章（见彩图 1－9）：上篇《灿烂文明》包括：《画卷》《文字》《戏曲》《丝路》《礼乐》；下篇《辉煌时代》包括：《星光》《自然》《梦想》，参加演出人员达 1.5 万人左右。开幕式表演重点展示中华民族悠久历史、灿烂文化，以及中国改革开放以来建设成就和中国人民精神风貌。在艺术风格上，坚持用世界语言讲述中国故事，充分体现民族特色、时代特征，以中国特有‘绘画长卷’为线索，以中国美学写意精神展现东方文明底蕴，用绚烂色彩展示当代中国勃勃生机，用富有创造性的当代艺术表现形式，赋予开幕式以现代性和国际性风貌。这种大场面表演，把我国历史、文化、体育、艺术与高科技巧妙地融为一体，不仅对我国起到了很好的宣传作用，提升了国际影响力，同时也将我国大型文体表演推向世界顶级发展阶段。

继北京奥运会之后，我国又相继举办了多个国际性大型活动，各具特色的开幕式大型文体表演不仅全面展示了中国的综合实力和民族精神，并将中华文化、民族智慧与高科技手段有机结合，逐步探索出具有中国特色的大型文体表演艺术理念。2010 年 11 月 12 日在广州举办的第十六届亚运会开幕式，首次启用珠江巡游岸上文艺演出《一江欢歌》作为开幕式演出前的表演部分，在 9.6 公里长的珠江两岸，由数万名市民聚集于岸边欢迎各国运动员，以城市为背景、以珠江为舞台，通过“海上丝路”“西关风情”“广府华彩”“羊城画卷”“花城锦绣”“共庆亚运”共 6 个节点极具岭南特色的文艺表演、情景展示和群众互动，描绘了一幅千年羊城的画卷，搭建了一个市民展示风采的舞台。2014 年 8 月 16 日在南京举办的第二届夏季青年奥林匹克运动会，开幕式表演将整个体育场变身巨大的投影屏幕，令现场一秒钟变为浩瀚的宇宙星空，年轻的探索者经历《追梦》《逐梦》和《圆梦》的过程，一座糅合了中国武术、舞蹈、体操、特技等多项内容在一起的人体“筑梦之塔”（见彩图 13、21、22）拔地而起，颜色形态变幻莫测，展示了体育、艺术、科技与梦想的完美结合，本次开幕式秉承“节俭办青奥”的宗旨，费用是历次国际顶级赛事中最低的，仅为北京奥运会的十分之一不到，开幕式使用的所有灯具全为国产设备，但却创造了激光显示、全息技术划时代的里程碑。2014 年 11 月 10 日亚太经合组织（APEC）第 22 次领导人非正式会议文艺演出以鸟巢作为背景的音乐焰火表演，以及 2016 年 9 月 4 日杭州 G20 峰会文艺演出在杭州西湖进行的实景交响音乐会，都是很好地利用了音乐这种世界文化语言，并结合自然景观、焰火、喷泉、文艺表演，将中国传统文化和各种高科技手段完美结合，让世界在短短几十分钟内感受当今的中国。

二、国外大型文体表演的发展

世界各国的文体表演都有各自发展的历史，表演内容也各不相同，并且具有各国不同的民族特点和风格。大型文体表演的前身“团体操”在国外不但开展比较早，而且也比较普及，除德国和捷克斯洛伐克外还有苏联、德国、墨西哥、日本、朝鲜等国。这些国家不仅对开展团体操活动十分重视，不少国家还把开展团体操活动作为对全国人民尤其是青少年进行宣传教育的手段，专门聘请外国团体操专家去讲课、培训、编创、设计、组织指挥等，越来越规范团体操表演的开展。

（一）捷克斯洛伐克

19世纪初捷克斯洛伐克以团体操表演形式和活动作为促进和发展国民体质、抵御外来侵略、增强人民体质的一种手段。捷克斯洛伐克是世界上组织和开展团体操最早的国家之一。1862年捷克斯洛伐克成立了“天鹰”体育协会，在庆祝协会成立当天，首次举行了规模盛大的团体操表演，以后协会规定每6年举行一次大型团体操表演，直至第二次世界大战爆发才中断了一段时间。此后，捷克斯洛伐克政府决定在1955年庆祝解放10周年之际举行了第一届全国运动会，运动会除有各项运动项目比赛外，主要是组织大型团体操竞赛与表演活动。为此，在布拉格郊外某山顶上兴建了长约240米、宽约120米的“斯巴达克”团体操表演场地，四周看台可容纳近20万观众，还配备了较为先进的音响设备，以及能容纳10万余表演者集结、休息的场地与疏散通道等，并且决定以后每5年举行一次全运会，这足以体现捷克斯洛伐克对增强国民体质和国民素质教育的重视程度。

（二）苏　联

前苏联大型运动会开幕式最初也是以团体操表演形式为主，在世界上享有盛名。苏联人民能歌善舞，喜爱体育和文艺。从1930年起，每逢重大节日和体育运动会，在各加盟共和国首都、城市广场、体育场馆经常组织一些文体表演。苏联文体表演内容极其丰富，新颖多样的表演形式，结合高超的体操、技巧等动作，构成壮丽的图案画面；有体操动作，也有民间舞蹈动作；有穿着运动服装的，也有穿着各民族服装的；有使用体育器材的，也有使用民族传统道具的；有配现代音乐的、也有配民族古典音乐的。苏联文体表演充满了浓郁的民族风格特点，深受人民喜爱，同时也成为宣传本民族文化和弘扬体育精神的有效手段。

（三）朝　鲜

朝鲜文体表演主要以大型团体操形式闻名世界，从 1959 年开始在全国普及，并规定每年组织文体表演活动。为了开展文体表演活动，朝鲜成立了文体表演组织领导机构，专门从事文体表演组织、创编、训练、表演等多项工作。国家从人力、物力和财力等方面都给予保障，并且将大型团体操表演作为国民教育和宣传朝鲜劳动党在政治、文化、教育、文体，以及人民生活和经济发展等诸多方面取得伟大成就的一种重要方式，在各级运动会、重大节日、庆典活动上，经常举行不同规模的文体表演。早在 20 世纪 50 年代朝鲜就将团体操列入学校体育教学和课外体育活动中，每天规定一个小时，开展不同形式团体操活动，以利于对青少年进行爱国主义教育，培养组织纪律性、集体主义观念和吃苦耐劳精神等，同时也作为增强学生体质的重要手段。由于国家十分重视，文体表演组织领导机构创作人员还经常带着文体表演方案，深入学校进行排练指导团体操工作，不断提高团体操表演水平。2002 年朝鲜大型团体操《阿里郎》有 10 万人参与表演，引起极大轰动，被载入世界吉尼斯纪录。

（四）日　本

日本大型文体表演最初也是以团体操形式出现。20 世纪中期，日本对国民健康尤为重视，大力发展体育事业和体操运动，增强国民体质和改善国民身体条件。日本各级各类学校都将团体操和竞技体操列入体育教学中，重视体操运动普及与开展是日本学校体育特点之一。通过大型团体操训练和表演，培养学生的组织纪律性，通过高难度体操、技巧、叠罗汉等动作技术训练，培养学生健美体态和吃苦耐劳、团结协作的拼搏精神。现在日本不但是世界上长寿年龄最高国家，也是身高增长最快国家。在团体操运动影响下，日本大型文体表演得到了广泛普及。

第三节 大型文体表演的发展趋势和作用

一、大型文体表演的发展趋势

（一）向着弘扬历史文化、不断挖掘民族与民间艺术形式的方向发展

文化没有国界，民族的就是世界的。纵观在我国举办的近几届奥运会、亚运会、青奥会、全运会等各种运动会开幕式表演，多以弘扬中华历史文化精髓，深入挖掘、整理民族文化和民间艺术形式为创作内核，把体育精神、时代元素、历史文化与民间艺术形式有机地融合在一起，表现出中华五千年文明孕育出自强不息的中华民族精神。

（二）向着体育元素与体育精神艺术化的方向发展

从大型文体表演活动创立之初，就始终以体育元素与体育精神作为表演的核心。历届运动会开幕式一贯倡导奥林匹克精神，而奥林匹克运动也是在恢复古代奥运会文化精神和文化活动所赋予时代感的基础上创立，因而奥林匹克运动担负着崇高历史使命，有极高文化价值，从一开始就有别于一般体育运动，是具有审美精神价值的文化庆典。伴随着人民生活水平和审美能力的提高，编创人员在大型文体表演的策划与编排上除了延续以往的以体育类动作为主要表演语汇，更借鉴了大量的艺术形式，引入了舞蹈、音乐、戏剧、曲艺、杂技、民俗、时装表演等艺术和流行元素，加之灯光、投影、多媒体和高科技舞台场景的使用，极大地增强了表演的艺术性和视觉效果。形成了以艺术化的审美标准和表现手段来展现体育元素与体育精神的趋势，更好地将体育与艺术融为一体。

（三）向着表演群体大众化的方向发展

大型文体表演的参与者与表演者人员众多，大多为志愿者，有各大中小学的

学生，也有广大文体活动爱好者，有专业的文体表演运动员和演员，也有从事民间艺术和民间文化表演的普通群众，还有我们的解放军战士等等。大型文体表演活动的普及化带动了表演群体朝着大众化的趋势发展，更增进了全民健身活动的发展和群众综合艺术素养的快速提升。

（四）向着表演元素多元化与时代化的方向发展

随着文化多元化的发展和大型文体表演自身的发展，表演形式不断创新，表演内容也日渐丰富起来，表演元素朝着多元化与时代化的方向发展。现代大型文体表演创作理念就是运用多种文化元素与现代舞美设计多种效果，融合不同艺术形式表演和不同体育项目表演，将时代发展与高科技手段密切结合，通过创编人员精心设计和表演者精彩表演呈现给观众一台文化盛宴，达到烘托表演气氛，展现时代精神，传承“相互理解、友谊长久、团结一致和公平竞争”的奥林匹克精神为目的。

（五）向着表演手段多样化与科技化的方向发展

随着社会的进步和科学技术的发展，大型文体表演活动越来越多地使用多样化的表现手段和科技化的表现手法在大型表演场地营造恢宏的气氛和新奇的表演效果。通过集体表演、舞美音效和科技手段的合理运用与奇特变换，将一种综合的艺术表演形式展现给观众，给人以意想不到的艺术效果，使创编作品产生更大的冲击力，给人以震撼和共鸣。

二、大型文体表演的作用

（一）展示文化，促进交流，体现国家实力

开幕式历来都是运动会和各种大型活动的重头戏，开幕式上除了进行一系列基本仪式外，一般都有富有民族特色的文体表演。尤其像奥运会、亚运会、世界性比赛和国际会议等国际性大型活动，开幕式表演不仅可以反映一个国家形象、城市品牌、经济发展以及组织和管理能力，而且还可以展示一个国家民族文化、

地域风俗、体育艺术和科技发展。开幕式表演创编设计、组织能力和演出水平，在某种意义上讲，直接关系着一个国家的综合实力和国际影响力。国际奥委会原主席萨马兰奇在评价第十一届亚运会时说，这是他一生中看到的运动会开幕式中最好的一次。由于运动会开幕式表演在整个运动会中具有举足轻重的作用，大型文体表演也就成为运动会开幕式中必不可少的表演形式。随着体育文化事业的快速发展，大型文体表演已成为人类智慧与文化的宝贵财富。

（二）弘扬体育精神

在面对世界观众和具有国际影响的体育盛会上，通过开幕式表演讴歌和平、友谊的体育精神，传播“更快、更高、更强”的奥林匹克格言，弘扬“相互理解、友谊长久、团结一致和公平竞争”的奥林匹克精神，不仅能在全世界人民心中引起共鸣，而且能为开幕式成功增添砝码，还能为促进世界和平与人类文明进步做出特殊贡献。运动会开幕式中有各种各样宣传和平、友谊、进步等体育精神的表演，如奥运会圣火点火仪式和奥运会五环的升起，不仅符合全世界人民的共同愿望，还会在世人心中留下难以忘怀的美好回忆，而且能激励人们为实现美好理想而奋斗。因此，以弘扬体育精神为主题的大型文体表演，正是运动会开幕式表演的灵魂所在。

（三）多种教育功能

大型文体表演能寓宣传、教育于表演之中，积极地宣传党和国家路线、方针、政策。文体表演可以反映一个国家物质文明和精神文明建设所取得的伟大成就，展现体育运动水平和全民健身活动的蓬勃发展，从而丰富人民群众文化生活，使观众从表演中得到一种艺术享受和精神鼓舞，并成为激励人民勇于进取，奋发向上，同心同德，建设祖国美好未来的精神力量。成功的大型文体表演不仅可以振奋民族精神，而且还可以增强民族凝聚力和集体荣誉感。

大型文体表演以塑造人体美、运动美、形式美、艺术美、场景美和精神美为主要内容。它不仅具有体育功能，而且还具有美育和德育功能。表演者通过严格的训练、排练和演出，不但增强了体质、培养良好身体姿态，还能从中得到艺术熏陶、审美教育和精神鼓舞，促进健全人格的发展。它不仅把人的内在美与外在美，通过文体表演形式与集体协同配合和谐统一起来，而且还能促进人的身心健康，加强个人的集体协作精神和集体荣誉感，给人以精神鼓舞，使其对生活充满信心，对未来充满希望，在提高艺术审美能力和综合文化素养的同时，激励人们为实现美好生活理想而奋斗。

思考题

1. 国外现代文体表演的雏形形成于什么时期？在哪个国家？
2. 大型文体表演的作用有哪些？
3. 简述我国大型文体表演发展分为几个时期和几个阶段？
4. 简述大型文体表演的发展趋势。

第 2 部分

大型文体表演的编创

【导　言】

大型文体表演的编创是一项复杂的系统工程，从表演创意的构思到结构框架搭建，从表演动作的编排到空间构图设计，以及各种艺术手段的共同协作，环环相扣，缺一不可，最终完成一部大型文体表演的编创工作。本部分通过对第三章、第四章、第五章、第六章内容的学习，了解大型文体表演的各种辅助艺术构成手段，熟悉创意构思的方式和框架结构类型，掌握表演动作的编排方法和空间构图的设计原则。

第三章
构思与创意

人们已经越来越认识到，一场大型文体表演活动成功的最关键环节在于巧妙的构思与创意，也就是我们常说的“点子”。

第一节　艺术构思

一、艺术思维

（一）什么是艺术思维

艺术思维主要是指在艺术创作和艺术欣赏过程中，形象思维与抽象思维相统一的系统中以捕捉艺术意象为目标，以形象思维占相对优势，两者互相配合、互相转化地共同完成艺术构思任务的一种思维方式，它自始至终都在以构思出一个完整艺术意象为其目的和任务。

艺术思维是一种极其复杂的心理活动过程，既含有艺术创作者的艺术心理定势和对生活感受体验中的感性认识和理性认识等心理内容，又包括他们的全部心理要素：表象、记忆、直觉、思维、想象、意志、情感、个性和审美等心理内容，还常常包含着一种不期而至的顿悟——艺术灵感和习惯无意识与本能无意识的作用。

艺术思维是对现象和本质两方面进行双重加工，加工的重点在感性形式上，遵循的是个性的情感逻辑。艺术思维特有的双重加工，使感性形式和理性内容均发生变化，从而形成新的审美形象统一，结果是新的艺术形象、艺术品的诞生。

（二）艺术思维的四种路径

我们从思维活动的结果上可以追寻到艺术思维和创造性思维的四种路径：

1. 综合优选

任何一项大型文体表演活动都会为我们提供一些散乱的素材，它们既与活动本身有关，却又是无序、无形的。经过编创者的优选，将无章的事物理出头绪，按一定的程序与内在联系使其归位，就好像用一条金线将它们穿起来，立时这些散乱、孤立的事物就如同成串的珍珠，按照不同的性质、特点、风格、内涵等特质构成新的编创素材与表现内容。

2. 系统重组

对于无序事物进行系统组合，既是抽象思维的逻辑化过程，也是形象思维的归纳过程。前者走向理论化，后者走向形象化，其思维走向是类同的。在构思大型文体表演活动时，就是把无序的事物和素材按照其结构、性质、特点进行分类，寻找它们之间的异同点并进行分析总结，根据活动宗旨、表演主题和整体构思对这些事物与元素按照艺术表现规律进行重组，进而构成新的艺术意向和艺术表现形式。

3. 异类迁移

各种艺术与各种事物都有其相似而不相同的现象。大海滚滚巨浪可让人联想到改革开放的洪流；一个锐角几何图形可成为一种力量的情感符号；高空飞翔的大雁可令人产生对自由的向往；熊熊烈火可与火热的斗争生活产生联系……异类迁移其实质是奠定在模仿基础上的。大型文体表演编创者通过对各种自然现象与事物的模仿与想象，根据事物的外形特征、内涵特点、情感表征、想象联结等方面编创出鲜活生动的表演动作和队形构图。

4. 反向寻觅

大多数人的思维呈顺向，是按常轨常理进行的，其思维基础是经验。而有创造性的艺术家，却常常反其道而行之。不愿循规蹈矩，经常从事物的反面或另辟蹊径思考问题，得出的往往是意想不到的艺术效果。在大型文体表演编创中，巧妙运用这种逆向思维设计表演结构、动作、构图和舞美特效等环节，出其不意，将会带给观众奇特的审美感受和广阔的想象空间。

二、构思限定

在大型文体表演的策划与编创活动中，编创者具有相对独立与自由的想象与创作空间，但却不能绝对自由、天马行空地去进行创作活动。那是因为，任何一场大型文体表演活动都是有限定的，由主办方对活动主题、宗旨、氛围、经费、预期效果等一系列问题都提出了具体的要求，编创者的任务实际上就是按要求"命题作业"。

著名舞蹈编导张继刚曾说过："限制是天才的磨刀石。"。诚然，这种限定为大型文体表演创作设定了一个框框，设定了创作的边界。然而任何一个追求自由的编创者，如果不能清楚地了解自己的创作范畴、创作目的和创作界限，不能正确认识自己的系统位置和能力范围，何谈自由创作，那他不仅找不到创作自由，自由的创作也不可能降临到他头上。任何艺术创作活动都是"创造于法度之中"，创作的乐趣也源于在各种限定中实现自己的创造与突破，无界何谈突破，无限何谈创新。只有充分认清哪些是不可逾越的限定，才能使我们的创意在限定的海洋中愉快地畅游。

（一）主题与内容的限定

大型文体表演的主题与内容是不以编创者个人意志所决定的，也不是由组委会某个官员所决定，它是由客观需要，是由活动发起者最初的客观动机所决定的。其主题与内容的根本出发点是国家、社会与群众的需要。

（二）时间的限定

大型文体表演如果是为某个运动会开闭幕式、某个纪念日、节日或庆典活动设定的，它的日期决不可因天气原因或准备期不足而改期。筹备与编创工作必须按时按计划完成，即使是遇上恶劣的天气环境，也得运用现代化手段去干预调节或由全体演职人员一起想办法克服。

（三）地点的限定

一般来说，大型文体表演活动都受地点的约束，因为那些大型的场馆，在设计与建成之初就已确定了它的使用范围，所以在这里举办的表演活动也必须服从这些规定。活动组委会按其活动的层次、性质、级别选定活动的表演场所，一般不会做出更改。所以编创者在策划与设计之初就要考虑到表演场地的具体因素，提前考虑到人员疏散、场景变换、道具进出、特效使用等具体问题的可行性与操作方案。

（四）经费的限定

经费投入的多少直接决定着大型文体表演的活动规模、表演形式和表演效果。如果是国家或地方政府主办的活动，一般来说经费会充足一些，但具体经费投入多少还得由举办活动的时代背景、国家政策和国情、民情、财情决定。在有限的经费投入下，组织者与编创者需本着节约的精神，创造性地将创意变成现实。在白天举办大型文体表演活动相对节省经费，因为省去了很多灯光和焰火特效的内容；晚上举办大型文体表演活动相对需要较多的经费，电脑灯光、LED、投影、焰火设计需要更多的经费支持。

第二节　创意设计

一、创意方式

我们把大型文体表演的创意类型归纳一下，大概有以下三种创意方式。

（一）直抒胸臆式创意

这种创意基本是就事论事，说东指东，指西演西，也就是搞什么活动就表演什么内容。一般来说，政治性较强的活动或指向性、宣传性明确的活动，比较多的运用这种创意方式。这种直抒胸臆式创意因其艺术想象空间较窄，发挥艺术的范围不很宽广，难度相对较大。例如，复兴之路音乐舞蹈史诗，首选内容离不开中华民族自 1840 年鸦片战争以来 170 年的艰难与奋斗历程，这种题材要求具有相当的真实性，其想象发挥空间小，但又要求具有强烈的艺术感染力，其难度可想而知。这类表演的创作不是以个人的意志为转移的，内容上的创意没有太大发挥余地，主要是在表现手段和艺术形式上做文章。

（二）借题发挥式创意

借一次活动之机表现与活动本身无多大关系的内容，虽多有宣传目的，但可借艺术含蓄的特性给以渲染，可以产生巨大的艺术冲击力。不少运动会开幕式就属于这一类。我国举行的第七次全运会开幕式，在很大程度上是为第一次申办奥运所设计，从它的命名《爱我中华》，到具体结构都是在宣扬中国历史悠久的文明。上篇《魂》表现的是中国古代文明，下篇《潮》表现中国的改革开放。最后用《五星邀五环》明确表现中国人民申办奥运的决心。整个创意都是借全国运动会在宣传中国文化，证实中国有申办奥运的能力与实力。

（三）触景生情式创意

利用一个特殊的场地，比如名胜古迹或是新建的体育或文化场所，致使人们在观看表演同时产生某种情感与文化的联想，以增强其文化意蕴与身临其境的情感抒发。这种方式已成为国际上通用的创意方式。意大利将大型服装表演放在古罗马宏伟建筑的台阶上，显示了这个国家古老文化的延伸。在北京紫禁城上演的意大利著名的歌剧《图兰朵》，是 20 世纪中外文化交流的典型成果。这出歌剧除了由中国著名导演张艺谋与著名指挥大师祖宾梅塔联袂合作进行艺术上的探索以外，紫禁城古老殿堂的背景构成了此次创意的核心。如果说这部歌剧原在意大利上演时，还只是色彩绚丽的京剧式服饰和中国建筑布景的炫耀，在北京紫禁城的上演则因丰富的西方音乐能够回荡在具有特殊意义的中国皇家古老建筑中而产生了奇妙的艺术效果，它的创意促进了东西方文化深远的交流。

二、选　材

大型文体表演的选材极其广泛，主要是要符合相应大型活动的主题，起到宣传活动宗旨、丰富活动内容、增添喜庆气氛的作用。大型文体表演的选材主要包括题材、风格和体裁的选择。

（一）题　材

1. 题材的概念

有两种含义：

一种是指作品中所表现、描绘的生活、情感的范围或性质，也称取材范围，这是广义题材的概念。比如说："战争题材""历史题材""神话题材"的作品。

另一种是狭义题材的概念，指的是可以构成艺术作品的原始材料，是客观社会的或历史的生活事件及生活现象，是作者对生活素材经过选择、集中、提炼加工而成的。

2. 题材与素材

题材与素材既有联系又有区别。题材是从素材中提炼、加工而成的，素材是题材的原材料。

从对素材的积累到对素材的加工、取舍、提炼，都体现了艺术家对客观现实生活的某种关注、倾向，体现了艺术家的审美情趣、艺术眼光和艺术功力。虽然题材不是制约作品价值的惟一因素，但对题材的选取是真正进入到艺术创作的第一步，所以选材是关涉到作品的定向，甚至成败的第一关键。

对题材的看法，唯心主义美学认为是艺术家随心所欲创造出来的，完全是由艺术家的创作幻想决定的。而马列主义美学则认为现实世界中发生的过程才是题材的源泉，它源于社会生活并与社会生活紧密联系着。

3. 题材的类型

（1）现实题材

这类题材通过艺术的手法和鲜活的艺术形象，生动地表现当今社会生活和历史变革，能直接地反映时代人民的精神面貌、时代的思想和美好的感情与情操。

（2）历史题材

这类题材除了作为对历史知识的学习和教育外，同时，有很多历史题材的作品能和我们今天这个时代的精神相呼应，也能起到很大的社会作用。

（3）神话、传说、寓言题材

艺术作品很善于表现这类题材，因为神话、传说和寓言的艺术性很强，想象力丰富，创作空间大，表演时视觉画面和色彩很丰富，而情节比较集中，故事简单易懂，很适合文体表演中表现。

（4）自然景物题材

这类题材是把自然界的景物人格化、性格化，借自然景物的外形特征寄寓作者的某种思想感情。

即使是这类题材也需要有丰富的生活经验和深刻的生活洞察力，也需要充沛的生活激情和高度的艺术技巧。好的自然题材的作品也具有时代精神，也可以和时代的脉搏相呼应。

（5）根据文学、戏剧或诗歌作品改编的题材

这类题材在改编时一定要注意作品是否适合用文体表演的方式来表现，它的故事性不能太复杂，通过对文学原著的改编提取最主要的人物和典型场景，主要表现原著的精神内涵。

（二）风　格

1. 什么是风格

就是作品因于内而符于外的风貌，是艺术作品在整体上呈现出的具有代表性的面貌，也是艺术家在创作中表现出来的不同的艺术特色和创作个性。

风格不同于一般的艺术特色或创作个性，它是通过作品表现出来的相对稳定，更为深刻也更为本质地反映出时代、民族及艺术家个人精神气质、审美观念、审美情趣、审美理想等内在特征的外部印记。

2. 为什么会出现不同的艺术特色和创作个性呢

这是由于艺术家个人所处的时代、生活经历、思想认识、艺术素养的不同，以及艺术流派特征和艺术家个性的不同而形成的。他们在创作作品，运用语言、色彩、线条等方面都表现出一定的特点来，于是便形成了作品的特色，这就是风格。

3. 风格的种类

（1）时代的风格

一个时代有一个时代的艺术风格，这是由于人们在一段时期内有着比较接近的审美趋向形成的。时代的风格是一个历史时期艺术创作所表现出来的共同特点，这个共同特点使这个时代的艺术与其他时代相区别。同样一部作品，不同时代、不同国家和不同表演团体表现出来的艺术特色是很不相同的，由于不同时代文化背景和艺术思潮所引发的不同艺术特色就形成了时代的风格。

（2）民族和地区的风格

民族和地区的风格是指一个民族和地区在其形成与发展过程中，经过长期积淀逐渐凝结而成的，能够体现该民族、该地区的个性特征、文化内涵、价值观念和审美倾向的一种社会文化特征，且这一社会文化特征是相对稳定的，和其他民族或地区的文化又有着一定的区别。

（3）流派的风格

流派，原指水的支流，也指学术、文化艺术等方面有独特风格的派别。在中外艺术的一定历史时期里，由一批思想倾向、美学主张、创作方法和表现风格相似或相近的艺术家们所形成的艺术派别。流派的风格是长期的历史和艺术成就的积累，是大家都承认的。

（4）个人风格

艺术家由于各自的生活经历、思想观念、艺术素养、情感倾向、个性特征、审美理想的不同，必然会在艺术创作中自觉或不自觉地形成区别于其他艺术家的各种具有相对稳定性和显著特征的创作个性，这就是个人风格。它是一些有个性的艺术家在艺术实践中形成的相对稳定的艺术风貌、表演特色、创作格调和气派，是艺术家鲜明独特艺术个性的体现，也是创作个性的自然流露和具体表现。个人风格统一于艺术作品的内容与形式、思想与艺术之中，是艺术家走向成熟的重要标志。

（三）体 裁

1. 什么是体裁

就是种类和样式的意思。有了它，表演作品就有了特定的性质和特定的结构，于是就形成这个表演在艺术形式上的特点。

体裁也可以说是体现形象的一个方式。当我们选择素材作为创作依据的时候，我们就会根据这种素材的特点来考虑选择哪种体裁最合适。

2. 体裁的选择

大型文体表演在体裁的选择上可以有多种形式，可以选用体育类体裁：如体操、艺术体操、健美操、啦啦操、武术、民族传统体育等；也可以选用艺术类体裁：如舞蹈、戏曲、杂技、音乐剧、戏剧表演、哑剧等；也可以选用民间技艺类体裁：如曲艺、木偶、皮影、布袋戏、空竹等；还可以选用模仿类体裁：如人物、动物、自然景物、机械等。可以是单纯的某种体裁，也可以是几种体裁相结合或交替来编排的。

三、亮点的设计

亮点，比喻有光彩而引人注目的人或事。在大型文体表演活动中就是能够出彩的环节。由于大型文体表演参与人数众多，演员水平参差不齐，所以排练时间永远都不会很充分，因此所有的现场效果都必须事前设计出来，并在实施过程中得到解决，亮点也不例外。

在设计亮点时，首先编创者应选择使观众能够立刻得到反响的情节，如威亚的使用、场景的变换、焰火的设计、特效的使用、道具的变换、队形构图的巧妙变化等，并持续一定时间，给观众留有鼓掌或欢呼的彩点。哑场情况的发生，常常是因为编导没有预判，没给观众留下鼓掌和欢呼的余地，观众手刚举起来还没来得及拍，亮点就过去了。

亮点的设计有很多方法，下面列举几种常见的方法供大家参考。

1. 主题图案的呈现

很多奥运会或大型活动都会有标志性的图案，如吉祥物造型、会徽、LOGO

等，在一段精彩的表演结束时呈现这些主题图案会达到呼应主题、画龙点睛的效果。或者在大型文体表演中也常常会出现观众熟知的图案，如国旗、奥运五环、八卦图、火炬等图案，使观众不用思考一眼就能认出，并与国家、民族、奥运精神、中华传统文化等概念联结起来，达到激起想象图景、快速使观众达到共鸣的效果。观众既会为场上队形图案的神奇变换而产生惊喜，又会为编创者的巧妙编排而产生敬佩，也会为演员的精彩表演而鼓掌喝彩。

2. 大色块的突变

服装、道具、灯光、场景的突然变化，都会让观众感到眼前一亮，惊喜不已。例如《欢庆香港回归》中几千把扇子在动态中不断形成各种色块的流动，变换出几十种几何图形，势如波涛，形如山川，让观众始终处在亢奋与惊讶之中，神奇的效果可想而知。

3. 人流冲击所产生的力量

由很多人组成的队形图案从一个方向涌入并布满整个表演场地，这样的队形处理方式会让观众感受到强烈的冲击力，感受到我泱泱大国的宏伟气势。如第九届少数民族传统体育运动会开幕式上上千名苗族少女身穿银饰盛装从主席台对面呈三角形向前涌来，使全场观众感受到铺天盖地的耀眼银光如一只巨大的银色凤凰在场地中缓缓地向前飞舞，气势恢弘。

4. 突发亮点

在表演中间利用某位演员的出场，或某种道具、特效的突然闪现，会引发全场观众突然轰动，也会产生很好的亮点效果。如第30届伦敦奥运会开幕式上，五个钢水铸成的圆环升空组成奥运五环并喷出火焰的画面就是本场演出最大的亮点，在场的每一个人无不为之惊奇震撼，展现了英国从工业革命传奇中走向强盛的伟大智慧。

第三节　结构框架

一、什么是结构框架

结构来自建筑用语，它具有组接的意思。后来被引用到艺术的各个领域，是指作品中各个局部之间、题材各因素之间的内在关联与组织的样式。

大型文体表演的结构框架就是整个表演活动的四梁八柱，如同人体的骨架，它支撑着全身。它是根据主题需要，按照大型文体表演活动表演和组织规律对表演各部分内容和元素进行分配、架构、安排与布局。

中国传统文学与戏剧结构讲究起承转合，也就是开头、发展、高潮、结尾。一场大型文体表演基本上也由这四部分基本结构组成，但并非每场表演的框架结构都由四部分组成，具体的篇章结构不尽相同，但基本都包含这四部分的内容。

（一）开　头

大型文体表演往往由序或一个引子开场，引导观众展开联想进入即将呈现的情境与故事之中。古人写文章讲究“豹头，熊腰，凤尾。”这个“豹头”讲的就是要有精彩的开始。开头可以是气势磅礴、恢宏热烈的，制造壮观的气势；开头也可以是细致小巧、静谧温情的，像一条小溪缓缓流出或一幅画卷慢慢展开那样，娓娓道来引出后面的故事和画面。不管是场面宏大还是只有一个表演者，最重要的是要能吸引观众，让人有迫切想看下去的愿望，这样的开头就成功了。

开头的方式可以是开门见山的正序，也可以是倒叙，也可以从现实的某一个点、某一个方面开始。有的表演也采用无序的结构，序那部分的内容放在第一场或第一章的开始来表现。

（二）发　展

发展段也就是“承”的部分，通常内容丰满，所以叫“熊腰”。主要从不同的角度去叙述与交待表演内容，一层层推进主题，这是表演的中心内容呈现部分。发展段的后部要引入高潮，怎样引入就要看“转”的部分怎样设计。“转”的部分，一般多用对比的手法，给表演注入新的元素，使表演层层推进，主要采用与前面表演的色彩、场景、节奏、风格、情绪等形成对比的元素，或用情节发展的新变化来转折。

（三）高 潮

高潮段是整个表演最精彩、最扣人心弦的部分，编创者往往会运用丰富的表现形式、新奇的表现手法和一些特殊的艺术表现方式点明主题，如高难度的技巧或特技表演，特殊的组字、图案，队形构图的精彩变换，热烈宏大的场面，新奇独特的表现方式等等。

（四）结 尾

结尾部分，通常带有总结性。在此时出现“主题歌”是常用手法，采用集体大歌舞、集体狂欢的场面也非常常见。如在室外，结尾通常要连接到场外焰火燃放、放飞和平鸽、放飞气球等，此时节目本身已经不那么重要，主要是通过这种宏大的场面感受热烈的气氛和欢腾的情绪。

二、结构类型

大型文体表演结构类型受表演主题所制约，主题不同、表现内容不同，就相应有不同的结构类型。

结构样式有很多种，大体分为以下几种：

（一）时序性结构

如同编年史一样按历史发展顺序安排的结构，可称为时序性结构，也可叫史诗性结构。这种结构当然不会真正去写历史，只能采取诗化方法或风格去结构。

最典型的范例就是音乐舞蹈史诗《东方红》和《复兴之路》。

1964 年 10 月由周恩来担任总导演，3500 名艺术家集体创作的大型音乐舞蹈史诗《东方红》，按照历史发展的顺序通过《东方的曙光》《星光燎原》《万水千山》《抗日的烽火》《埋葬蒋家王朝》《中国人民站起来》《祖国在前进》《世界在前进》等八场，以时序性结构形象地概括表现了从中国共产掌的诞生开始，包括第一次国内革命战争、第二次国内革命战争、抗日战争、第三次国内革命战争、中华人民共和国成立以后这几个重大历史时期内，中国人民在中国共产党和毛泽东主席的领导下从事革命和建设的伟大历程。

2009 年 9 月由张继钢担任总导演，3200 名演员共同创作完成的大型音乐舞蹈史诗《复兴之路》（见彩图 23、24），作为国庆 60 周年献礼巨作呈现在世人面前，这部大型音乐舞蹈史诗由序曲《我的家园》，以及《山河祭》《热血赋》《创业图》《大潮曲》《中华颂》五个章节构成，全剧以历史时间为脉络，艺术地再现了从 1840 年鸦片战争开始中华民族 169 年伟大的复兴之路。

（二）戏剧性结构

大型文体表演很难产生真正的戏剧性结构，它往往借助一些典型的人物和戏剧性的因素推动整个篇章的发展与递进，人物与戏剧性因素就如同一条线索，使整场表演的结构具有合理的逻辑性。

2013 年 8 月 16 日在南京举办的第二届亚洲青年运动会开幕式就很好地运用了这种结构，开幕式文艺表演名为《让梦想起飞》，演出以两个孩子“石头”和“阿亚”的成长故事为主线，带着现场观众随两个孩子穿越奇幻四季，追逐人生梦想，收获勇气和友谊，展现了青少年团结勇敢、充满智慧和活力的青春风采。

1993 年洛阳第 13 届牡丹花会开幕式《牡丹颂》，也是采取这种结构样式的典型事例。整个开幕式表演讲述了一个与牡丹花有关的完整故事，在遥远的古代，洛阳瘟疫四起，人民流离失所，背井离乡。一朵祥云把牡丹仙子送落人间，她送医送药，终于使人民免受其祸，恢复健康。洛阳遍地万物复苏，开遍了鲜艳的牡丹花，牡丹仙子与百姓同歌舞、共欢乐。这样一个戏剧因素很强的内容，大量地吸收了舞剧的表现手法，使大型文体表演惯常的体操式表演产生了新的突破性运用，形成了超大型的戏剧表演场面。

（三）诗文性结构

一种比较随意类似诗歌、散文式的结构样式。诗文性结构是结合诗的元素进行创作的新的样式。它侧重于人思想感情的抒发，它既有表演艺术的特征，又具备诗的意境，它像是一幅画，使人见画生情，它以不断流动着的视觉形象生发出一种抒情的诗意。

从结构上来看，诗文性结构的作品是根据主题来演绎一种意境，主要通过人体动作造型和场景转换来取悦于人的视觉。它的本质是把抒情建立在情节基础之上，像诗歌一样，抒发主人公的思想与感情。当然，主人公的感情也包含着作者的主观感情，在创作当中，作者往往将自己的感情倾注于客体形象中，借主人公抒发自己的感情。

诗式结构的作品虽然植根于现实生活基础之上，但它运用丰富的想象将艺术形象升华到一个诗的意境，使之具有诗的浪漫情调。聪明的编导为使作品达到诗的意境，有时巧妙地采用诗中寓意的表现手法，使升华了的感情通过寓意得到表现。

诗歌根据语音节奏来安排结构，这是文艺表演不擅长的，但诗歌表现情感与想象的变化和表现出来的跳跃性，是文艺表演能够借用的。主要把握住情感的内在逻辑联系，就能很好地用动作和画面表现出深邃的情感和丰富的意境。

（四）板块性结构

板块性结构将整个表演切割成几大板块，将各种内容和表现形式按照一定规律和分类安插在各板块中。板块性结构成败的关键在于如何分割，依据什么样的原则和规律来分割，主要有以下几种形式：

1. 按不同内容分割

按不同内容分割，是最为普遍的分割方法。1997 年 7 月 1 日在北京工人体育场上演的首都各界欢庆香港回归大型表演《欢庆香港回归》，就是按照表演的主要内容将整个表演分为《火篇》血火祭百年、《水篇》归帆踏浪来和《土篇》情满五色土三个篇章，再现了 100 多年前中华民族陷于血与火的深重苦难之中，香港人民思念故土，今天东方明珠香港终于要回到祖国的怀抱，百年的分别终于团聚的感人画面。

2. 按不同色彩分割

不同的色彩，常常也成为我们分割各个板块的依据。2012 年 12 月在首都大学生体育馆举办的首届全国体育院系学生体育艺术节开幕式表演《五色畅想》，就是以奥运五环的五种颜色绿、黄、蓝、黑、红作为主线，分为“绿·萌动”“黄·跳跃”“蓝·静谧”“黑·炫酷”“红·灿烂”五个篇章，将体育、舞蹈等各类节目按照不同的色调主题穿插其中，构成既各具特色又和谐统一的一台综合大型文体表演。五种颜色不仅代表着不同的情感和内涵，同时也象征着奥运五环，这五色将人类的情感和体育精神完美融合在一起。

3. 按不同物类分割

不同物类结构，需要创意人员从生活中或描写对象中提取最具典型意义的物类，并能够成为幕场切割的形象。能否做得好，全凭创作者对生活的观察力、认识事物的概括力以及提取物类的抽象力。2014 年 11 月 10 日亚太经合组织（APEC）第 22 次领导人非正式会议文艺演出，以鸟巢作为背景的音乐焰火表演就充分运用了这种分割方法，表演以“春生夏长，秋收冬藏”为创意理念，分为“春”“夏”“秋”“冬”四个篇章，每个章节都以独特的焰火造型配合不同的音乐进行表演，突出了“自然颂”的主题，通过焰火表演看到人类共同价值观的展示。

4. 按不同形式分割

在大型文体表演活动中，形式也可以成为我们分割板块的方法。一般来说主要按照不同体裁的表现形式，或同一体裁不同的表现类型和表演风格所呈现出的不同形式进行分割。1997 年上海第六届国际广播音乐节《新世纪序曲》大型激光焰火音乐会，就是以这种分割方法分为三个乐章，第一乐章《绿色的情思》以民族音乐为主体，第二乐章《蓝色的畅想》以交响乐为主体，第三乐章《金色的呼唤》以流行音乐为主体。

5. 按不同地域分割

按地域分割也是我们常用的一种版块结构的分割方法，这是一种较为简单的分割方法，但又容易成为缺少创意的分割方法。要想运用好这种分割方法，就一定要注重整个活动主题与不同地域之间的内在联系，还要安排好各地域在各篇章中的逻辑顺序，才能发挥好这种分割方式的结构优势。2011 年 9 月在贵阳举办的全国第九届少数民族传统体育运动会开幕式前表演，就是采用了按地域分割的结构方式，按照从贵阳出发依次经过毕节、六盘水、黔西南、安顺、黔南、黔东南、铜仁、遵义等贵州九大地区，最后再按照从遵义返回贵阳的行车路线，来结构开幕式前表演九个篇章的表演顺序。

（五）音乐性结构

在漫长的音乐发展史中，形成了丰富多彩的音乐曲式。在大型文体表演节目编排中，也可以借鉴音乐的结构方式与结构规律来结构篇章内容。可以借鉴音乐中蕴含的艺术创作的共同规律，借鉴音乐的曲式结构，如ABA体，ABC体，回旋曲式等曲式结构来编创大型文体表演节目。具体常用音乐曲式结构类型详见本书第六章第一节，这里就不重复赘述了。

思考题

1. 什么是艺术思维？
2. 构思的限定包含哪些具体的限定？
3. 创意的方式有哪三种？
4. 什么是题材？
5. 什么是风格？
6. 风格的种类有哪些？
7. 什么是体裁？
8. 什么是结构框架？
9. 中国传统的结构框架包含哪四部分？
10. 简述艺术思维的四种路径。
11. 简述几种常见的设计亮点的方法。
12. 简述五种结构类型。

第四章
表演动作编创

表演动作是构成大型文体表演最重要的要素之一，其编创应依据表演主题思想和表演队形实际需要而进行设计。编创时需与表演主题思想相吻合，强化、突出主题思想，方能收到良好表演效果。

第一节　表演动作素材分类

大型文体表演形式多样，表演动作种类丰富，不受民族、运动项目、舞种等约束，只要是人的肢体动作都可以成为大型文体表演的动作，只要适合于所创作的文体表演活动主题的动作都可以称作文体表演动作。在实际运用中可根据文体表演活动主题来进行不同种类及不同风格特征动作的选择。

一、按动作风格特点分类

（一）舞蹈类动作

1. 芭蕾舞动作

芭蕾是具有严格规范和结构形式的欧洲传统舞蹈艺术。在欧洲，芭蕾一直是优雅及美的象征。芭蕾的表演一般都寄予了编导与观看者的美好愿望及崇高的理想，在大型文体表演中一般用于表现较为抒情、唯美的内容。芭蕾有一套完整的动作体系，动作要求开、绷、直、立、轻、高、快、稳，对动作表演的要求较高，一般由专业的芭蕾舞演员表演。

2. 现代舞动作

现代舞是20世纪初在西方兴起的一种舞蹈派别。强调舞蹈艺术要反映现代社会生活，自由地抒发人的真实情感，其最鲜明的特点是反映现代社会矛盾和人们心理特征，故称为现代舞。现代舞的动作较为自由，主要以肌肉的收缩以及人体平衡与失衡为动作原理，适用于自我情感抒发。在大型文体表演中经常运用，动作具有强烈的时代气息、现实主义精神和情感表现力。在2008年北京奥运会开幕式上，《画卷》（见彩图2）中的现代舞者，利用现代舞动作平衡与失衡原理，幻化出神入化的笔触，完美书写了中华历史，完成了一幅壮丽的水墨山水画。

3. 中国古典舞动作

中国古典舞是中国舞蹈中最传统、最具代表性、最精湛的一个组成部分，其艺术风格，在继承传统舞蹈基础上，重现古典主义精神，包括特定传统文化品质和民族审美心理所追求的规范性和严谨性。中国古典舞在几千年发展历史中，继承着优秀民族传统，体现着中华民族文化精神，在纷繁变化中，始终保持民族审美特色，弘扬中华风格、中华气派。中国古典舞在造型、动律、运动轨迹和节奏力度上都具有独特的韵味，它讲究拧、倾、圆、曲的动态特征，注重欲左先右、欲前先后、欲上先下、逢冲必靠、有开有合的用力方式，除表现气韵之外，还展现神韵。

在大型文体表演中，中国古典舞动作因其蕴含极为丰富的民族文化内涵和深厚的审美理念，常用于表现中华民族文化主题的表演之中。在2008年北京奥运会开幕式上，通过中国古典舞向全世界人民展现了中华民族文化之博大。其中第二部分（开幕式表演的主体）的9个篇章中《文字》《戏曲》《丝路》《礼乐》4个篇章全部采用中国古典舞动作元素。中国古典舞动作元素在我国大型文体表演中虽然起步较晚，但它作为中国舞蹈的精髓，在近几年的大型文体表演活动中已开始广泛运用，绽放出其独特的艺术魅力。

4. 民族民间舞动作

民族民间舞蹈产生于广大人民群众劳动生活之中，是在长期历史进程中由劳动人民集体创造，不断积累，发展而成的，并在群众中广泛流传的一种舞蹈形式。民族民间舞蹈种类很多，从广义上来分有中国民族民间舞蹈与外国民间舞蹈两大类。外国民间舞蹈动作在我国大型文体表演中运用较少，常见于国际活动开幕式或闭幕式的民间舞蹈展示中，由各参与国共同表演完成，用于展现各国的民间文化以及国际间和谐与友谊。

狭义的民族民间舞蹈专指中国民族民间舞蹈。我国民族众多，除汉族外还有55个少数民族，每个民族都有自己独特的文化和风俗，民族舞蹈文化也呈现百花齐放的繁荣景象。汉族地区有种类繁多的各类秧歌、花灯、采茶灯等民间舞蹈，各少数民族地区也有丰富多彩的传统民间舞蹈，不同地域和民族的舞蹈呈现出浓郁的地方特色和民族风格。

例如，在大型文体表演中常用的汉族秧歌舞动作，如各类型“民间鼓舞，扇子舞”等。在第六届全国少数民族传统体育运动会开幕式第三幕《世纪鼓声》中，“鼓神”——三名汉子站立在一百多人抬的大鼓上，运用踩鼓、踏鼓、跳跃、旋转等动作，与从四面八方聚拢的“鼓手”——手持各民族鼓的人们形成一个庞大鼓阵，一起欢腾、跳跃，鼓穗上下飞舞，鼓声咚咚，万众一心，擂响新世纪鼓声，场面庞大、震撼。鼓是人们最为熟悉的打击乐器，喜庆节日、婚丧嫁娶以及各种传统世俗活动等场合都离不开它。鼓是精神的象征，而舞是力量的表现，在文体表演中由于演员众多，鼓舞声声震耳，气势磅礴，成为弘扬黄土文化、彰显民族精神的重要艺术形式。大型文体表演中常见鼓舞动作有：山东三大秧歌之首的鼓子秧歌，流传于山西临汾地区的“威风锣鼓”，流传于全国很多地区的“太平鼓舞”，流传于陕西的“安塞腰鼓”等。

5. 流行舞动作

流行舞动作在近年来的各类大型文体表演活动中运用也十分广泛。流行舞是指近年来广泛流行的、具有群众性和自娱性的一类舞蹈形式的统称。这类舞蹈基本上都是由外国传入中国，后逐渐被中国的老百姓所喜闻乐见的一些舞蹈形式。它主要包括国际标准舞、爵士舞、踢踏舞、街舞等种类繁多的舞蹈。

（1）国际标准舞（International Style of Ballroom Dancing），又称体育舞蹈，来源于欧洲各国的民间舞蹈，由社交舞转化而来，是体育与艺术高度结合的一项体育项目，是一种男女为伴的步行式双人舞的竞赛项目。分两大类：摩登舞和拉丁舞，十个舞种。其中摩登舞含有华尔兹、维也纳华尔兹、探戈、狐步和快步舞，拉丁舞包括伦巴、恰恰、桑巴、牛仔和斗牛舞。每个舞种均有各自舞曲、舞步及风格。根据各舞种的乐曲和动作要求，组编成各自的成套动作。

（2）爵士舞，即美国现代舞，最初是非洲舞蹈的延伸，经被贩卖作为奴隶的黑人群体带到美国本土，而在美国逐渐演进形成本土化、大众化的舞蹈。爵士舞是一种富于动感节奏型、外放性的舞蹈，它不像古典芭蕾舞或现代舞那样内敛，其动作的本质是一种自由而纯朴的表现，直接把内心的感受用身体的颠、抖、扭表达出来。爵士舞是追求愉快、活泼、有生气的一种舞蹈，它的特征是自由自在地跳，不必像古典芭蕾那样局限于严格的规范和固有的程式化动作，但它又和迪斯科那种完全自我享受的舞蹈不同，它在自由之中仍有一种规律的存在。

（3）踢踏舞，是现代舞蹈风格的一种。形成于 18 世纪 20 年代的美国，当时爱尔兰移民和非洲奴隶把各自的民间舞蹈带到美国，逐渐融合形成了新的舞蹈形式。踢踏舞主要是穿着特制的带有铁掌的舞鞋，利用灵活的舞步在木地板上打击出多样的节奏。这种舞蹈的形式比较开放自由，没有很多的形式化限制，舞者不注重身体的舞姿，而是着重趾尖与脚跟打击节奏的复杂技巧，其整体舞风比较朴实、散漫。踢踏舞历经近百年的发展，形成了不同的风格，最主要有两大分支，就是美国风格的踢踏舞和爱尔兰风格的踢踏舞。美国风格的踢踏舞，在美洲大陆的民族大融合中，将爱尔兰木屐舞和非洲民族的传统音乐以及祭祀时的原始舞蹈结合发展形成，以自由轻松为形态，追求节奏的复杂表达，继承了黑人那种天性中深蕴的原始自由，有时还有很多滑稽搞笑的动作。爱尔兰风格的踢踏舞则是强调以芭蕾优美肢体动作为主，在舞步方面有较多的旋转、滑步等，舞者在演出时常带给人们一种贵族的气息，这种风格的踢踏舞在节奏这部分切分音的变化比较少，但是重复的音节比较多。

（4）街舞，起源于美国，是基于不同的街头文化或音乐风格而产生的多个不同种类的舞蹈的统称。街舞动作是由各种走、跑、跳组合而成，并通过头、颈、肩、上肢、躯干等关节的屈伸、转动、绕环、摆振、波浪形扭动等连贯组合而成的，各个动作都有其特定的健身效果，既注重了上肢与下肢、腹部与背部、头部与躯干动作的协调，又形成了组成各环节各部位的独特运动方式。20 世纪 80 年代传入中国，并逐渐作为健身活动传播开来。常见的街舞种类有 Breaking（霹雳舞）、

Poppin（机械舞）、Locking（锁舞）、Hiphop（自由舞）、lomo（卢舞）、Punking/Wacking/Voguing（甩舞）等。

（二）体育类动作

1. 体操动作

（1）基本体操动作

基本体操是体操的一种，以健身、医疗和发展身体素质为主要目的的身体操练。其中包括徒手体操、轻器械体操和器械体操。动作简单易学，是应用最广泛的一种体操动作。

（2）艺术体操动作

艺术体操起源于欧洲，是一项女子竞技体育项目。艺术体操动作提倡韵律性和节奏感，它不仅包含体育运动所展现出来健康美，而且还融入了芭蕾舞、民族舞、现代舞的美感，音乐剧、戏剧的表演，以及竞技体操、技巧、杂技、武术项目的难度技巧，表演者徒手或手持轻器械在音乐的伴奏下，创造出一套有思想、有表情、有层次、有结构、有难度的表演和训练体系，展现出人体和谐的姿态美。

（3）健美操动作

健美操是一项集体操、舞蹈、音乐、健身、娱乐于一体的体育项目。因其热情奔放、节奏明显、动感强烈而深受广大群众喜爱，近年来在健美操动作中已融入拉丁健身操、街舞及搏击操等社会时尚操、舞动作。健美操动作一般用于节奏欢快、较具动感的大型文体表演中。

2. 武术动作

武术又称国术，是中国传统体育项目，是中国人民在长期社会实践中不断积累和丰富起来的一项宝贵文化遗产。中国武术作为一种文化形式在长期历史演进中形成了独具民族风格的运动形式。武术动作以踢、打、摔、拿、靠等技击为主要内容，包括徒手或借助器械的身体运动，具有精、气、神独特神韵，常用于表现中华民族民族气质，在我国大型文体表演中有着不可替代地位和魅力。中华武术中的太极拳，是符合人体结构、大自然运转规律的一种拳术，深受国内外各界人士喜爱，近年来在展现中华文化的文体表演中广泛运用。如 2008 年北京奥运会开幕式中一段名为《自然》的太极武术表演让全世界叹为观止，2008 名白衣武者以和谐飘逸的神韵、撼人心魄的气势、整齐划一的动作赢得了亿万观众的掌声。

3. 其他体育项目动作

如滑冰、轮滑、滑板、跳水、自行车等。要结合表演主题以及表演队形实际需要选择表演动作。

（三）民间技艺类动作

中国民间技艺是中华民俗文化的重要组成部分，是世世代代锤炼和传承的文化传统。中国民间技艺的种类有很多，这里仅举例大型文体表演中较为常用的几种民间技艺类动作。

1. 布袋戏

布袋戏又称作布袋木偶戏、手操傀儡戏、手袋傀儡戏、掌中戏、小笼、指花戏，是起源于17世纪中国福建泉州或漳州，主要在福建泉州、漳州、广东潮汕地区与台湾等地流传的一种用布偶来表演的地方戏剧。布偶的头是用木头雕刻成的中空人头，除偶头、戏偶手掌与人偶足部外，布袋戏偶身之躯干与四肢都是用布料做出的，演出时，将手套入戏偶服装中进行操偶表演。因为早期此类型演出的戏偶偶身极像用布料所做的袋子，因此有了布袋戏之通称。如在我国台湾高雄举行的第八届世界运动会开幕式上被视为台湾地区文化象征的霹雳布袋戏，就和真人一起演出，配合现代技术LED灯，让人耳目一新。

2. 抖空竹

抖空竹在中国民族文化渊源中既古老又新鲜，是深得人民大众喜爱的一种集娱乐性、健身性、技巧性、灵活性、表演性于一体的杂技项目。杂技艺人在原有花样基础上，又创作出许多新花样和高难技巧。表演时与优美舞姿和动听伴奏音乐融为一体，提高了人们审美情趣。我国国家非物质文化遗产“抖空竹”代表性传承人，61岁的李连元和他带领的广内空竹表演队在奥运会开幕式之前的文艺表演中，施展民俗绝技，抖动各色空竹，小小空竹在艺人双手操控下，腾跃翻飞，花样变幻无穷。他们还将其中五个直径1.2米的巨大空竹组成奥林匹克五环图案，向世人展示了中国传统技艺。

3. 其他民间技艺

谈起绚丽多彩的中国民间技艺，几乎每个中国人都会津津有味地说出各种具有特色的民间玩意儿。其种类繁多，如放风筝、踢毽子、舞龙、舞狮、变脸、钻圈等都可运用于大型文体表演之中。

（四）模仿动作

模仿动作是为了反映某一特定思想内容而创编的、在动作的外形上能直接表达这一思想内容的动作。例如模仿各种人物的动作、模仿动物的动作、模仿植物的动作、模仿自然现象的动作、模仿机械的动作等等，只要是能准确反映大型文体表演想要表现内容的东西，我们都可以进行逼真的或夸张的模仿。

二、按动作表演形式分类

（一）徒手动作与道具配合动作

1. 徒手表演动作

徒手动作是指以徒手形式进行肢体动作，根据人体各个部位特点以及不同运动方式，组成文体表演动作。徒手动作可以根据编创者、演员、场地等条件变换而任意变化，因此在大型文体表演中徒手动作是最为常用的动作形式，几乎所有大型文体表演中都包含徒手动作。

2. 手持道具表演动作

这类动作是指表演者双手或单手持道具进行肢体动作。徒手动作中的举、绕、绕环、振、摆、屈伸等形式都可作为手持道具表演的动作。但手持道具还有其特殊的动作形式。常见的有如下几种（表4－1－1）。

（1）抖　动

是指表演者在某个方向或造型上两臂持道具做抖动道具动作。常用于手持花束、花球、花冠、花环、小旗、扇子、绸布等道具的抖动。

（2）挥　摆

是指表演者双手或单手持道具左右或上下挥摆，使道具舞动起来。常用于挥摆的道具有纱巾、旗子、长绸、彩带、麦穗等。

(3) 缠 绕

是指表演者单手或双手拿道具，以身体某些关节的转动与摆动使道具产生一定轨迹的绕旋动作。常用于缠绕动作的道具有手绢、纱巾、扇子、绸布、彩带等。

(4) 开 合

是指表演者单手或双手持道具，利用道具机关配合人体动作，使道具呈现打开或合上的效果。常用于开合的道具有扇子、伞等。

(5) 转 动

是指表演者用单手或双手在相对固定的位置或造型上，以身体的某一个部位为轴使道具产生旋转的动作。常用于转动的道具有手绢、扇子、伞、棍子、火棒、花球等。

表 4－1－1 手持道具表演动作常用动作形式列表

动作形式	动作图示
抖动	
挥摆	

续表

动作形式	动作图示
缠绕	
开合	
转动	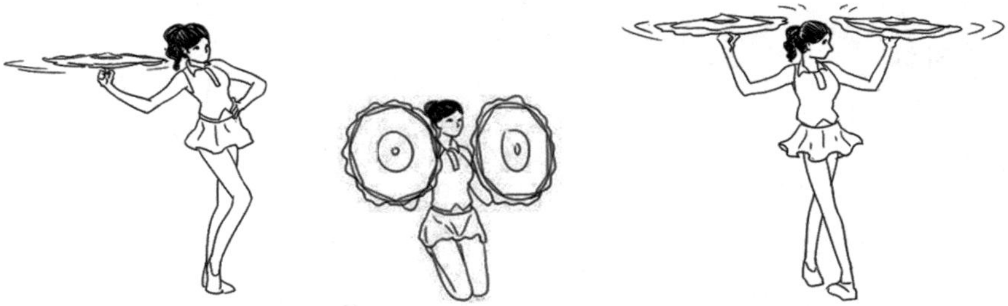

手持道具表演是当代大型文体表演的一种常用手段，好的道具使用可以起到画龙点睛作用，有助于强化主题、突出风格、增强表演效果。大型文体表演道具丰富多样，既有彩球、花束、彩旗、红绸、火炬、花环、扇子、纱巾等传统道具，也有水袖、飞机模型、船桨等根据主题及编导者审美形态使用的各种道具。在道具的选择上，应考虑色彩艳丽，移动方便，易于开合、拼接、组合、变化的。大型文体活动具有广场表演特点，观众距离较远，道具的舞动变化能产生很好的远景表演效果。

（二）静态动作与动态动作

1. 静态动作

静态动作在大型文体表演中称之为造型动作，是通过肌肉协调用力，维持身体平衡与稳定，按规定要求，在空间停止一定时间来完成的各种静止姿势。

（1）单人造型动作

单人造型有各种坐、卧、撑、跪、劈腿、平衡、下桥等。单人造型可用于领舞演员个性动作或高难度动作展示，也可以是表演者一起做各自的造型动作（图4-1-1、图4-1-2）。

图4-1-1 单人造型动作1

图4-1-2 单人造型动作2

（2）双人造型动作

双人造型动作是由两个人共同配合完成人体造型动作，有两人身体部位接触、交叉、对比、支撑、平衡等各类型动作。双人造型一般多在二路纵队、交错的两人一组队形中运用（图4-1-3、图4-1-4、图4-1-5）。

图4－1－3　双人造型动作1

图4－1－4　双人造型动作2

图4－1－5　双人造型动作3

(3) 多人造型动作

多人造型是由双人以上演员组成集体表演静止图案。集体平面造型动作，由多人在地面共同组合成各种静止图案；多人叠罗汉造型动作，由多人组成支撑与被支撑的静止图案；混合造型由平面造型与叠罗汉造型同时组合成静止图案（图4－1－6、图4－1－7、图4－1－8、图4－1－9）。

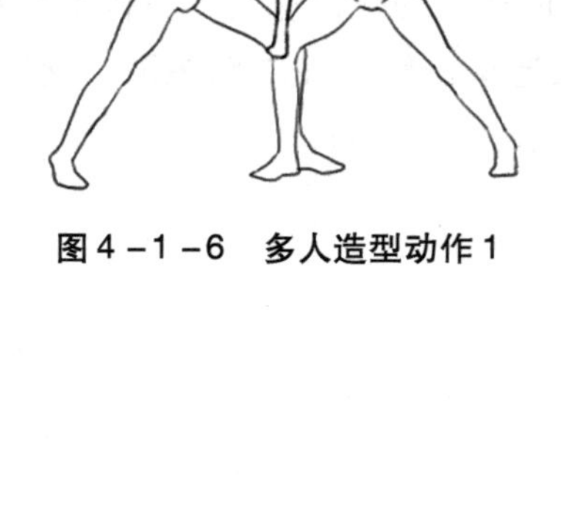

图4－1－6　多人造型动作1

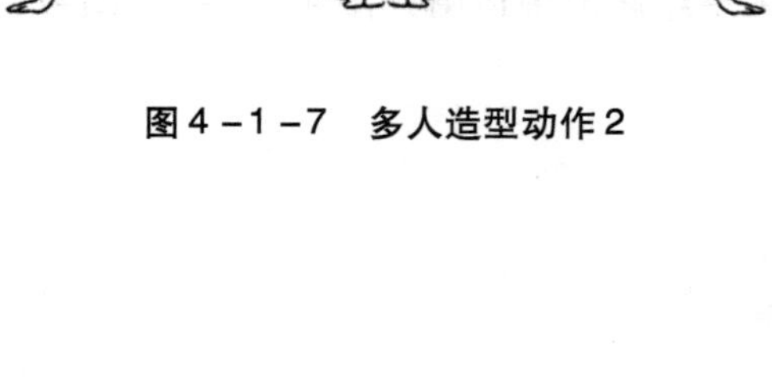

图4－1－7　多人造型动作2

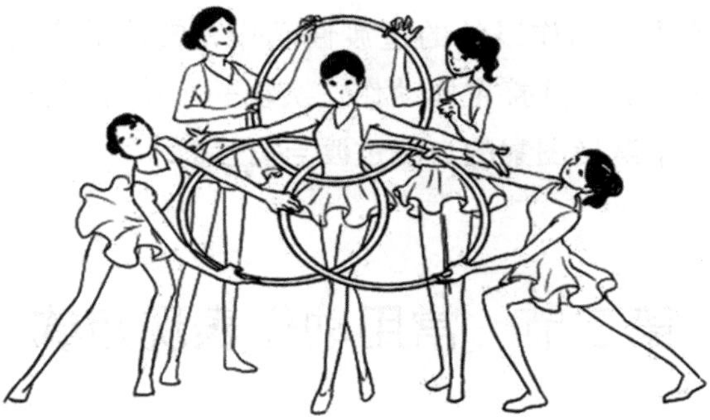

图4－1－8　多人造型动作3

图4－1－9　多人造型动作4

2. 动态动作

一切运动中的人体动作均称为动态动作，动态动作包括主体动作和连接动作两种。

（1）主体动作

主体动作是指在大型文体表演中编创者创编的能够表现主题思想与主要艺术形象的主要表演动作，一般4～8个八拍为一个动作段落，在不同的队形上表演或进行变化重复表演，这类动作就是大型文体表演的主体动作。

（2）连接动作

连接动作是指除主体动作以外的过渡性动作，常用的有各种步伐、旋转、队形移动与变化等。主要起到连接主体动作，实现一个动作段落与另一个动作段落、一个队形图案到另一个队形图案的自然过渡与衔接。

第二节　常用动作表现方式

大型文体表演是一项集体表演项目，其人数众多，气势宏伟。为了能够获得更好的表演效果，应采取一种特殊的表现方式来进行，要特别注重集体配合，并通过不同集体配合方式获得预期表演效果。在表演中常用方式有一致、对称、交替起伏、依次、波浪等。

一、一致动作

一致动作是指全体表演者在同一时间和空间内按统一规格完成的相同动作。这种动作方式在散点队形或进场、退场时采用，也可在其他各种队形中采用。整齐一致是这种表现方式的主要特征。

二、对称动作

对称动作是指表演者所做的动作，在身体姿势、动作方向、路线、幅度、速度及节奏上均成一一对应关系，可采用双人或集体配合方式进行表现。

如 10 组搭肩大横排做一拍一动侧踢腿：前 3 拍单数排向左移动 3 步，双数排向右移 3 步；第 4 拍单数排向左踢右腿，双数排向右踢左腿，就形成了交错对称侧移式踢腿，使表演有如瀑布流水。

三、交替动作

交替起伏动作是指表演者按行、排、小组或区域分成单、双数组，在规定节拍内轮流交换着完成同一组但身体姿势高低或者动静相互衬托的动作。

如将一个散点队形划分成中间的菱形和四周两个区域。前4拍，在菱形区域表演者做站立同时两臂侧上举动作，四周表演者则做下蹲同时两臂侧下举手撑地动作；后4拍互相交换，可以反复循环2~3遍。交替完成动作有时可高低起伏配合、有时可左右交替进行，使表演层次分明，动中有静，在历届全运会开幕式表演中都取得了良好的表演效果（图4－2－1、图4－2－2）。

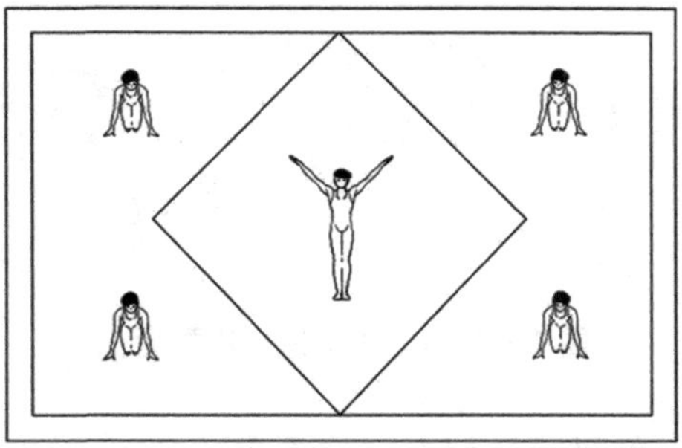

图4－2－1　交替起伏配合1

图4－2－2　交替起伏配合2

四、依次动作

依次动作是指以个人或以集体为单位，从同一姿势开始，由前向后或由规定号位开始，按顺序连贯地完成同样动作，并结束于相同姿势。依次动作是大型文体表演中一种重要的集体配合表现方式，不同内容可采用不同方式依次配合来完成，不仅能使表演场面更加活跃、形象、有生气，而且有助于突出主题。如在第三届全运会上，当背景画面出现钢水出炉画面时，场地内演员利用手中红绸子，由后向前依次向上挥动，形象地表现了钢水奔流场面。依次动作可以以个人为单位来完成，也可以以集体为单位在多种队形上来表演。可以徒手做，也可以利用各种道具来完成。动作有依次蹲起、坐卧、倒起和绕摆等。

（一）以个人为传递单位依次配合

以个人为传递单位依次完成动作配合常常在横队或纵队上进行，在动作传递方向上依次传递单位是一个人，要求动作传递连贯、迅速。依次配合能很形象地表现出各种流动情景。如：在纵队上做个人依次前扑成俯撑（图 4 – 2 – 3、图 4 – 2 – 4）。

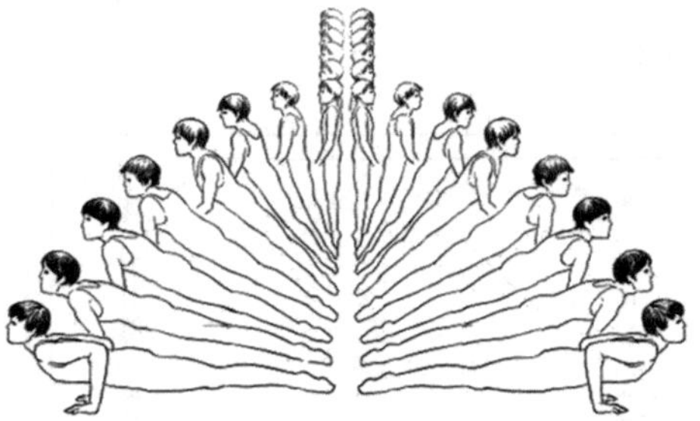

图 4 – 2 – 3　双纵队依次配合

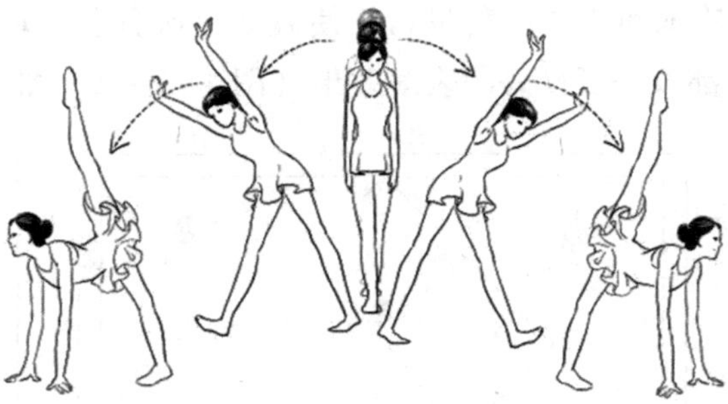

图 4 – 2 – 4　单纵队依次配合

以个人为传递单位依次配合也可以分成单双数排或在一个纵队上按单双数编号对称配合，还可以在动作传递方向上各路或各列分别做不同动作，如：三路纵队成蹲撑，两侧纵队人员依次作起立向后单手下腰动作，中间纵队的人员依次做起立两臂侧上举动作（图 4 – 2 – 5、图 4 – 2 – 6）。

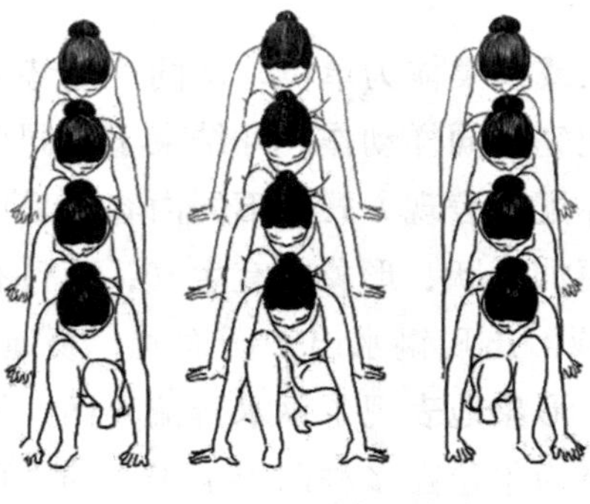

图 4 – 2 – 5　依次配合前

图4－2－6　依次配合的效果

以个人为传递单位的依次动作在散点上配合也可以获得良好的效果，如在散点队形上从左至右手持红旗等较大道具依次作挥摆等大幅度动作，也可以在密集纵队或横队之间依次传递动作，如在全场5列密集横队上，由下蹲姿势开始，从后向前各列依次做起立并两臂侧上举动作（图4－2－7）。

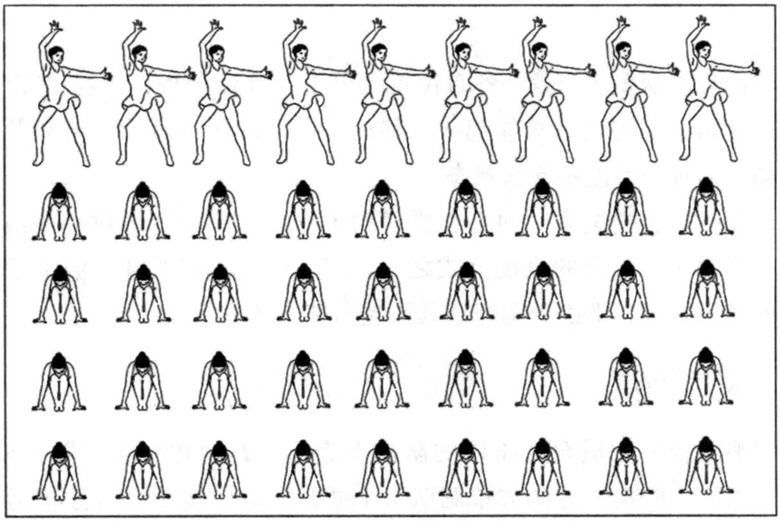

图4－2－7　散点队形依次配合方式

（二）以集体为传递单位依次配合

以集体为单位依次完成的动作配合常常在散点上进行，在动作传递方向上依次传递的单位是一组人，如将全场人员分成若干区域，表演者从同一姿势开始由前向后（或由规定的区域开始），后面区域紧接前面区域动作按顺序连贯地完成同样动作，并结束于相同姿势（图 4－2－8、图 4－2－9）。

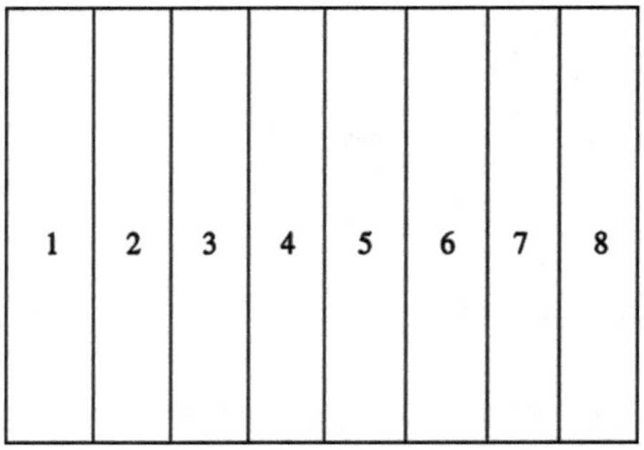

图 4－2－8　以集体为单位依次配合方式 1

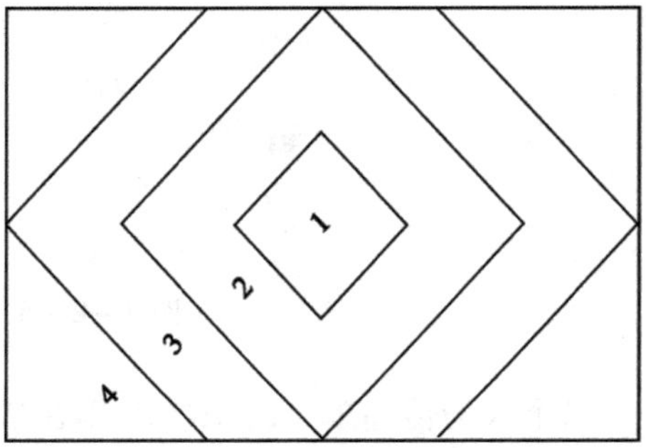

图 4－2－9　以集体为单位依次配合方式 2

五、波浪动作

波浪动作是指众多表演者在各自位置上以不同开始姿势，按规定方向和节拍，有规律地反复做固定匀速的身体起伏、移动，也可以同时做两臂绕环及挥摆动作而使表演场面呈现一种波浪起伏状态。

波浪动作既能表现进取、向上、拼搏的主题，又能较好地烘托表演气氛，是大型文体表演中非常重要的表现方式之一，深受广大观众欢迎。波浪配合方式相对复杂，种类也较多，下面分别介绍其原理和具体做法。

（一）波浪分类

不同波浪配合方法适合在不同的队形上表演，有的在密集横队上效果明显，有的在密集纵队、密集长方队或单圆队形上效果较好。按照各种波浪适合表演的队形，可以把波浪分成三大类。排成横队做波浪动作称横浪，排成纵队做波浪动作称纵浪，在圆形上做的波浪称圆形浪。横浪、纵浪和圆形浪又可划分为下图中几种浪形（图 4－2－10）。

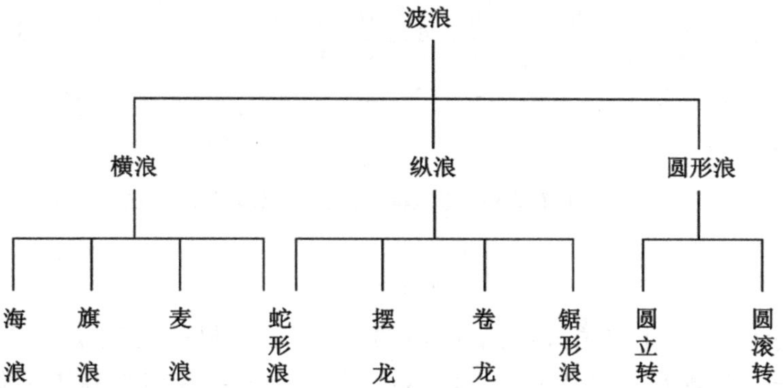

图 4－2－10　波浪分类

（二）波浪配合方法原理

波浪配合方法原理是将表演者分成若干组，每组中表演者在各自的位置上以不同开始姿势站成具有最高点（浪峰）和最低点（浪谷）波浪形，然后每位表演者都按照规定的方向匀速地反复做周期性蹲起、移动、持道具绕环或挥摆等动作，使波浪浪峰和浪谷有规律地向一个方向移动，并在规定拍节内完成一个循环。

使浪峰和浪谷移动的方法一般有：

1. 在原地利用身体上下起伏形成波浪
2. 利用前后或左右跑动形成波浪
3. 利用道具的左右挥摆或绕环形成波浪
4. 既有身体起伏及左右移动又有道具绕环形成波浪。

方法一：8 人波浪配合方法

（1）1 个 8 拍 1 次循环：以在原地利用身体上下起伏形成波浪为例说明其原理（图 4－2－11），操作步骤如下：

预备姿势：将人员分组后对组内人员编号，每个人按规定姿势和高度相互衔接成一个“∧”形。每个人做波浪配合的开始姿势，是由处于浪峰部位表演者确

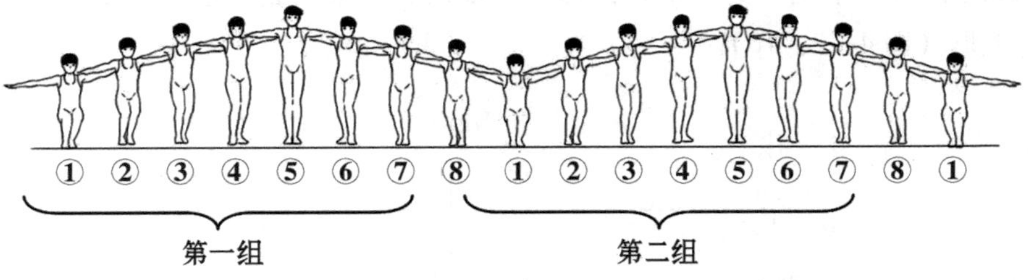

图 4－2－11　1 个 8 拍 1 次循环的波浪配合方法示意图（8 人）

定的。

具体姿势如下：1 号位人最低（全蹲）；5 号位人最高（直立）；3 号、7 号部位的人处于中等高度（半蹲）；2 号、8 号位人低于中等高度高于最低位置（深蹲）；4 号、6 号位人高于中等高度，低于最高位置（稍蹲）。两个浪峰之间由 1 号位人衔接。1 号位人既是第一组浪峰的结尾，又是第二组浪峰开端。

配合方法：每人在不同位置上，以不同部位开始，做匀速同一动作，经过浪峰最高点及最低点，返回原来部位，整个过程为一个循环。如果是 1 个 8 拍 1 次循环，要求浪峰由 5 号向 6 号方向移动的话，各组每个位置人员开始蹲起的方向及到达各个高度的拍节见图 4－2－12。图下方“1 号、2 号……8 号”分别代表人员编号，图中数字代表到达各位置拍节，箭头位置代表预备姿势时位置，“↑”方向代表开始蹲或起方向。

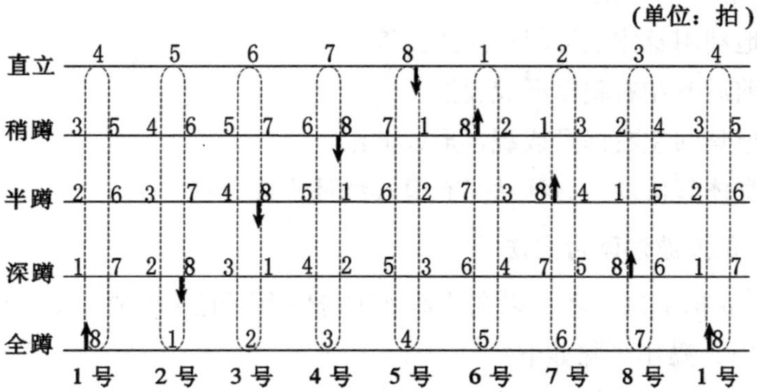

图 4－2－12　不同号位拍节示意图（8 人）

在做波浪配合时，各位置人员要记清楚开始蹲起方向和到达最高点、最低点拍节。由上图可以看出，在 1 个 8 拍 1 次循环配合中：

1 号先向上起，第 4 拍到达最高直立位置，经直立后再下蹲，第 8 拍回到原最低全蹲位置。

2 号先向下蹲，第 1 拍到达最低全蹲位置，经全蹲后再起立，第 5 拍到达最高直立位置，第 8 拍回到原位置。

3 号先向下蹲，第 2 拍到达最低全蹲位置，经全蹲后再起立，第 6 拍到达最高直立位置，第 8 拍回到原位置。

4 号先向下蹲，第 3 拍到达最低全蹲位置，经全蹲后再起立，第 7 拍到达最高直立位置，第 8 拍回到原位置。

5 号先向下蹲，第 4 拍到达最低全蹲位置，经全蹲后再起立，第 8 拍回到原最高直立位置。

6 号先向上起，第 1 拍到达最高直立位置，经直立后再下蹲，第 5 拍到达最低全蹲位置，第 8 拍回到原位置。

7 号先向上起，第 2 拍到达最高直立位置，经直立后再下蹲，第 6 拍到达最低全蹲位置，第 8 拍回到原位置。

8 号先向上起，第 3 拍到达最高直立位置，经直立后再下蹲，第 7 拍到达最低全蹲位置，第 8 拍回到原位置。

速度变化：在表演过程中，改变各位置演员完成一个蹲起循环所用拍节可以加快或减慢浪峰、浪谷移动速度。

方法二：16 人波浪配合方法

（1）1 个 8 拍 1 次循环的波浪配合方法（图 4－2－13）。

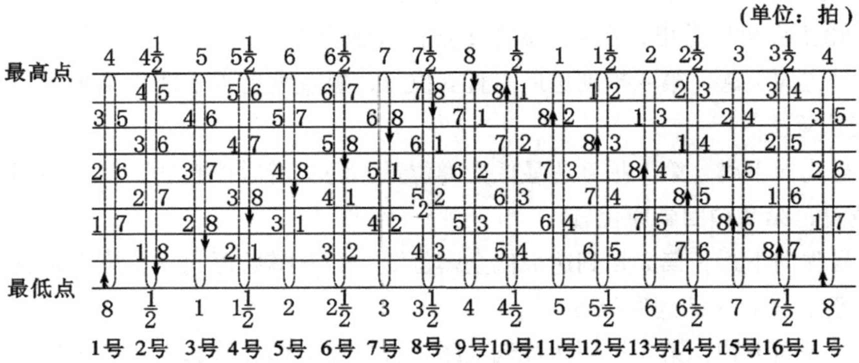

图 4 -2 -13　1 个 8 拍 1 次循环的波浪配合方法示意图（16 人）

（2）2 个 8 拍 1 次循环的波浪配合方法（图 4 -2 -14）。

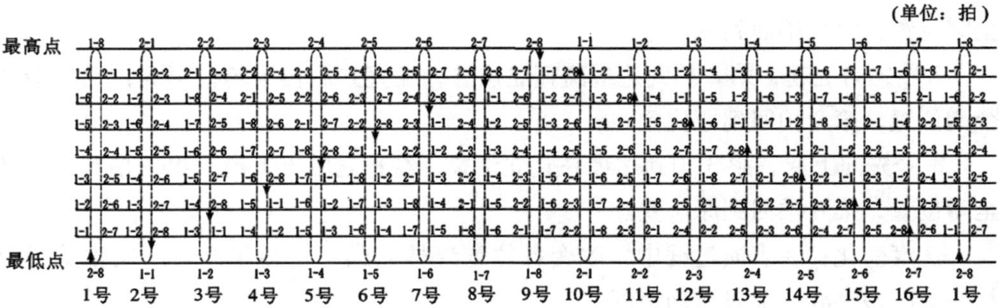

图 4 -2 -14　2 个 8 拍 1 次循环的波浪配合方法示意图（16 人）

除了上面介绍左右搭肩形式蹲起浪外，还可以用体前屈（图 4 -2 -15）、体侧屈（图 4 -2 -16）来完成；还可以前后搭肩来做，也可以两臂头上交叉互相勾手来做蹲起肘浪（图 4 -2 -17）。肘浪可以做体前屈肘浪，也可以跪在地上做；利用身体起伏配合波浪，还可以前后搭肩作蹲起浪（图 4 -2 -18）。

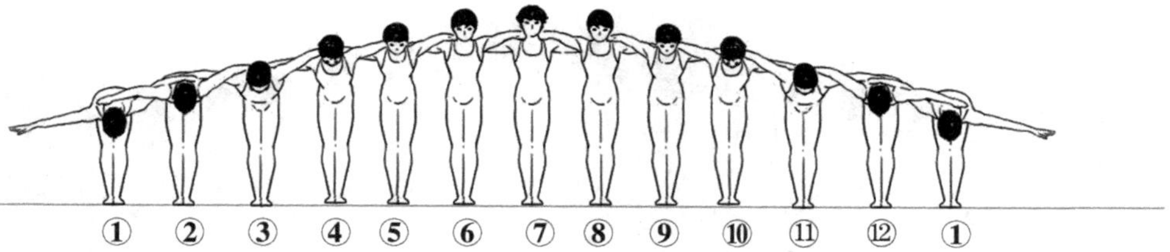

图4－2－15　体前屈循环波浪配合方法示意图（局部）

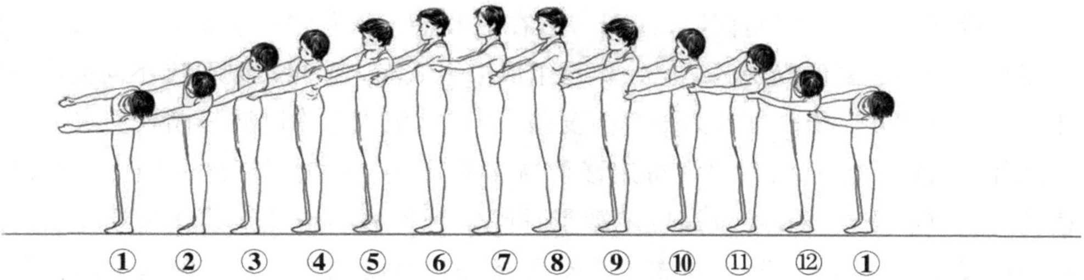

图4－2－16　体侧屈循环波浪配合方法示意图（局部）

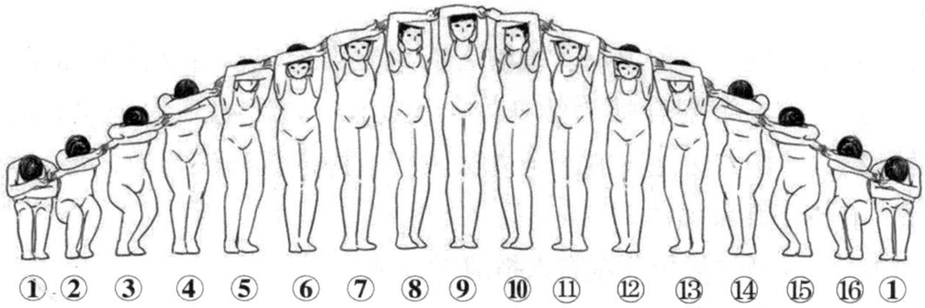

图4－2－17　头上拉手循环波浪配合方法示意图（局部）

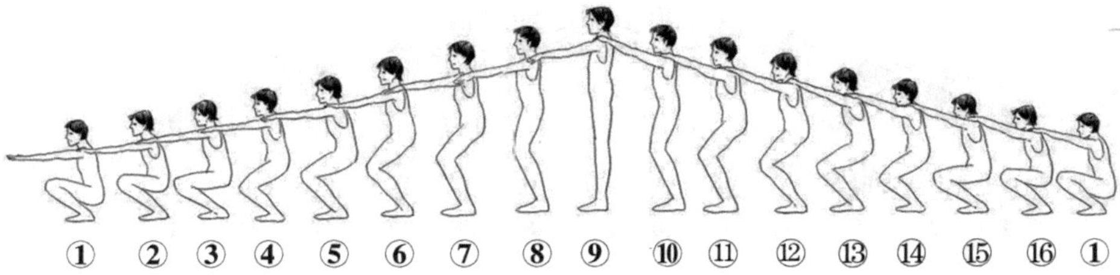

图 4－2－18　前后搭肩蹲起循环波浪配合方法示意图（局部）

组成波浪人数一般是偶数，1 号一般在最低点，总人数一半加 1 所得数字是预备姿势时处在最高位置人员编号，也是组成 1 组波浪人员可以划分出不同高度位置数量。两个相邻人员高度差为一个高度差。1 组波浪人数除以波浪循环 1 次（浪峰—浪谷—浪峰）使用拍节即为每拍移动高度差数量。在画有高度线图上，数出到达最高点或最低点需要经过高度差数量并除以每拍移动高度差数就可计算出到达最高点或最低点拍节。每个位置上人员预备姿势高度位置、开始蹲起方向及到达最高点和最低点拍节是完成波浪配合的关键。

3. 各种波浪配合方法介绍

（1）海　浪

海浪是波浪横浪中一种浪形。表演者面对主席台成横排队形并布满全场，手持或不持道具，按波浪配合规律做身体起伏动作，能较好地表现大海波涛翻滚、气势磅礴景象。动作方法见波浪配合方法。做不持道具海浪动作，每人间隔为 40 ~60 厘米。有以下几种做法：

第一种：两臂侧举与相邻左右人搭肩做波浪。

第二种：两臂绕环做波浪。

第三种：横排侧对主席台两臂前举轻搭前人肩，既可以站立做也可以跪立做。

第四种：两臂在头上交叉屈臂与相邻人拉手做肘浪。

（2）麦　浪

麦浪是波浪横浪中的一种浪形。在第二届全运会开幕式表演“人民公社”一场中，全体表演者手持象征麦穗道具，在女高音伴唱下，做身体起伏动作同时再做手臂绕环波浪，较好地表现了金色麦浪翻滚的丰收景象。由此将这种做波浪动作的方法称麦浪。

在做麦浪配合时，要注意麦穗在头上绕动方向一定要同浪峰移动方向相同，否则就不能称之为“麦浪”。训练麦浪动作配合时，首先以一个浪峰为单位练习手臂动作，其次练习臂绕环与身体起伏动作配合，最后全体配合练习。在练习中要让每个练习者记准到达最高点与最低点的拍节（图 4 - 2 - 19）。

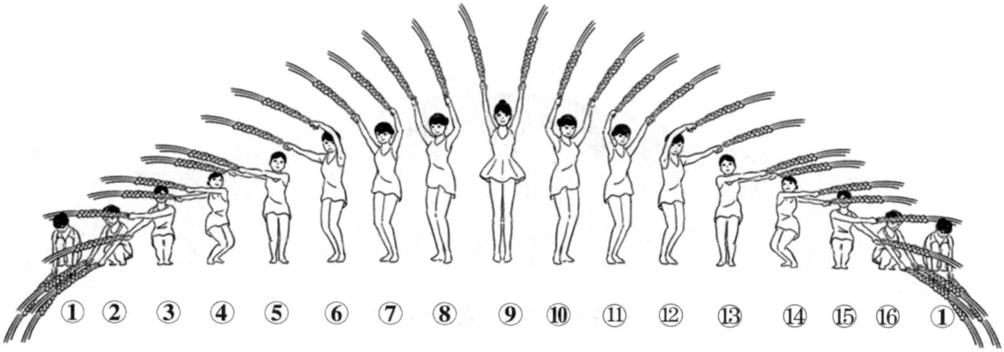

图 4 - 2 - 19　麦浪配合方法示意图（局部）

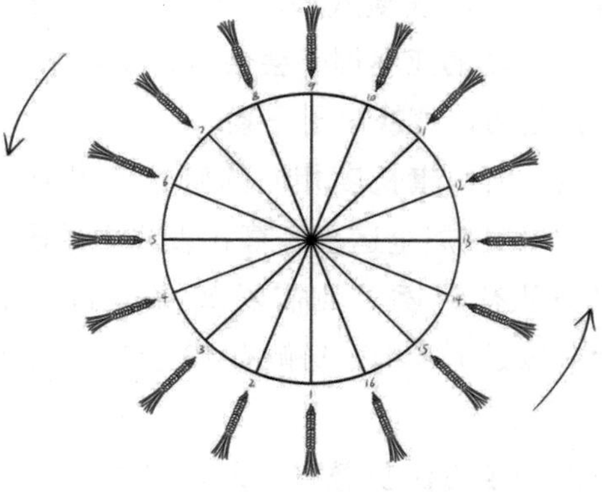

图 4 - 2 - 20　麦浪麦穗方向示意图

(3) 旗　浪

旗浪是波浪横浪中一种浪形。表演者面对主席台成密集长方队形，手举旗布做身体起伏波浪动作，全场展现一面壮观大旗迎风飘扬（图 4 -2 -21）。

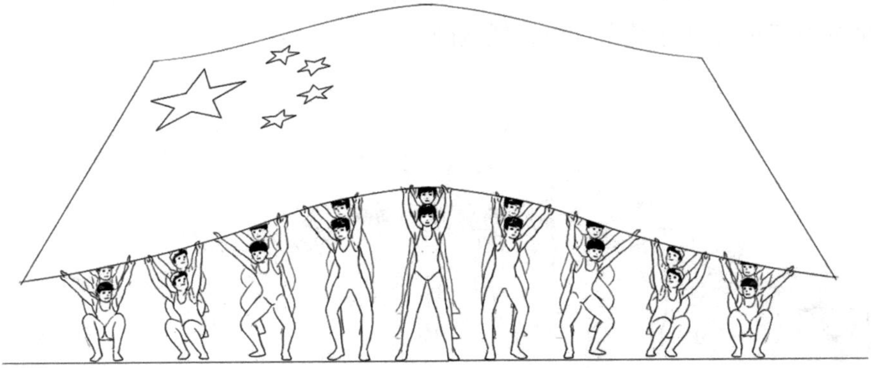

图 4 -2 -21　旗浪示意图

组成大旗的道具有多种，一种是由每人手持一块旗布相互衔接而成（第三届全运会开幕式表演就采用这种方式）。这种道具灵活、轻便又可多用，但组旗时较难衔接，纵横易出现缝隙，影响表演效果。另一种由手持可以变色的拉花道具组成（第十一届亚运会最后一场的亚奥理事会会旗，就是采用这种方法组成），缺点是道具不容易隐藏，优点是可以变换旗子图案。

经常采用的大旗是由与所组旗长度相同的旗布条组成（在每条旗布的两边都做出表演者手持标记），如第三届全运会开幕式表演中的国旗浪。旗布条由专人送入表演场内。如果演员方队有 21 列，则需要 20 条旗布。各列间距如果是 1.2 米，那么，旗布的幅宽至少应该是 1.4 米，每侧有 10 厘米供表演者抓在手里。

旗浪表演前准备工作：

①表演前要将旗布按特定方法折叠好，通常是将旗布由两边沿虚线向里对折 30 厘米（图 4 -2 -22）。

②再从中线两边开始向两端折叠，每折宽约 60 厘米。布条折成方形以后为了便于送布人抱夹可将布再纵对折一次（图 4 -2 -23）。如果旗上有图案，事先要将图案缝制或绘制在旗布上，每条旗布要编号，旗布的先后顺序和方向不可错乱。

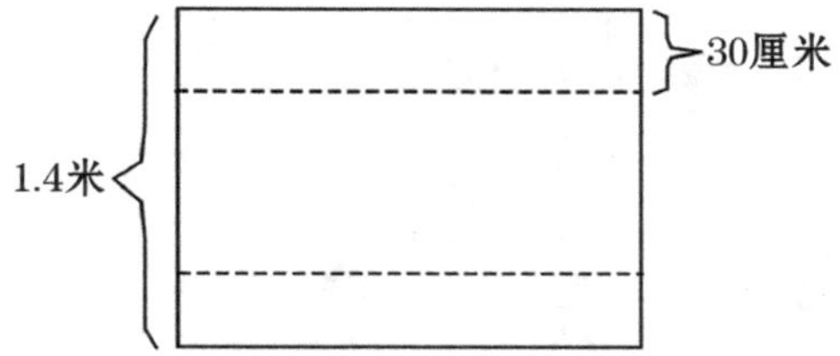

图4-2-22 准备工作1

图4-2-23 准备工作2

入场前准备工作如下：

①准备队形：场内表演者组成面向主席台的横队，每排42人共21排，每人前后、左右间隔均为1.2米，如果是组成国旗，一定要按照国旗比例安排队形的长宽比例。

②送旗布方法：每条旗布由3人送入，将已折好的旗布抱夹于体侧。送布者按旗布条顺序，在场外对准国旗位置中线，站成三路纵队。按顺序快速从方队人员间隙中跑入场内，如图4-2-24所示，到达位置后1人下蹲将旗布的中线对准国旗位置中线并固定，其他两人迅速低姿势向两侧跑动将旗布展开，如图4-2-25所示，然后蹲下，不参与旗浪表演。

③举旗方法：全体表演者两脚稍开立上体稍向右转下蹲，右前臂外旋抓住自己体后旗布边缘标记处，左前臂外旋抓住自己体前旗布边缘标记处（第一排只有体后旗布，最后一排只有体前旗布）。两臂经屈臂上举，同时上体转正，两手迅速将前后旗布抓在手中，使布条之间无缝隙。这样在表演者头上就组成了一面壮观大旗。举旗时全体表演者动作要协调一致，否则容易将旗布撕裂。

④旗浪动作：方法同波浪动作，但动作节奏是先慢后快，即先做8拍1循环动作再做4拍1循环动作。

⑤停旗方法：从国旗右翼开始随波浪动作依次成站立或蹲立。

⑥收旗方法：旗浪平息以后，每人上体稍向右转，同时左手松开，右手握体

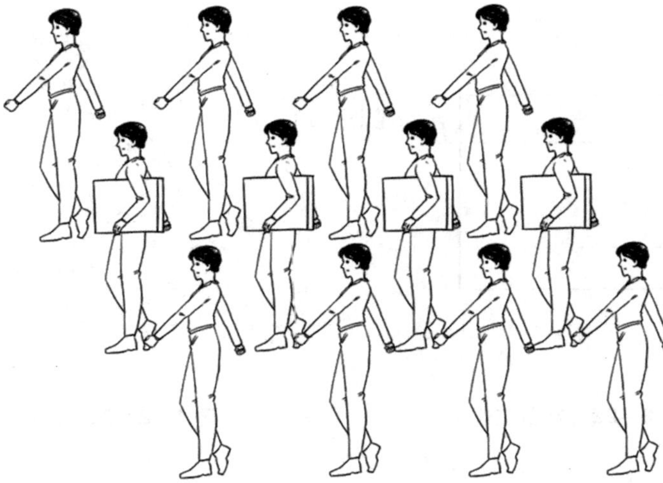

图 4 -2 -24　旗浪入场队形

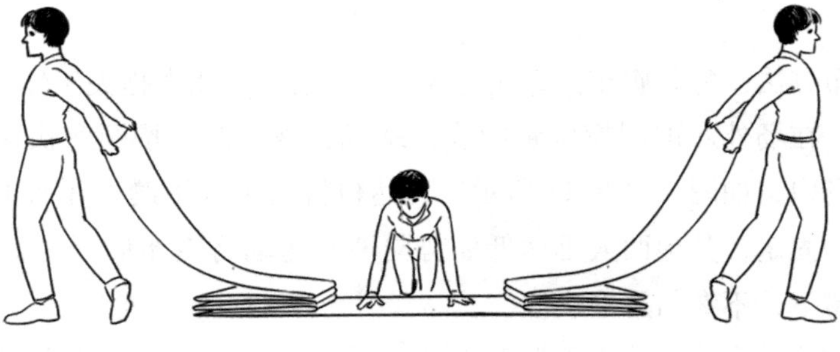

图 4 -2 -25　旗布展开

前旗布或两手松开将旗布放地上。

⑦训练方法：先按节拍练会徒手波浪动作，再练举旗动作，最后练整体配合动作。送旗布人单独训练旗布折叠、入场、向两侧跑动展旗动作，最后练整体配合动作。

⑧注意事项：浪峰移动方向一定是从旗杆方向开始向旗尾方向移动。

（4）摆　龙

摆龙是纵浪的一种浪形，是依靠道具的左右摆动形成波浪动作配合方法，有时也称之为“S 浪”（图 4 –2 –26）。表演者手持道具成纵队站立，每人前后距离 0.8 ~1.2 米。每队从头至尾分成 8 人一组若干组，每组按顺序排列，顺序又分成单数组和双数组（图 4 –2 –27）。图中“○”表示单数组，“×”表示双数组。“→”代表道具方向。

下面以 8 人为例介绍配合方法：

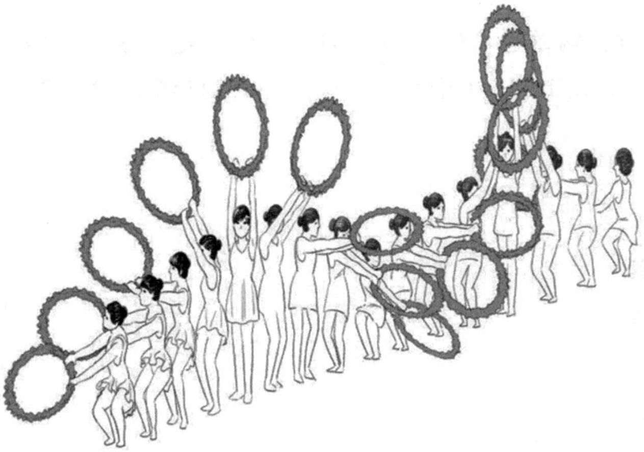

图 4 –2 –26　摆龙配合效果图

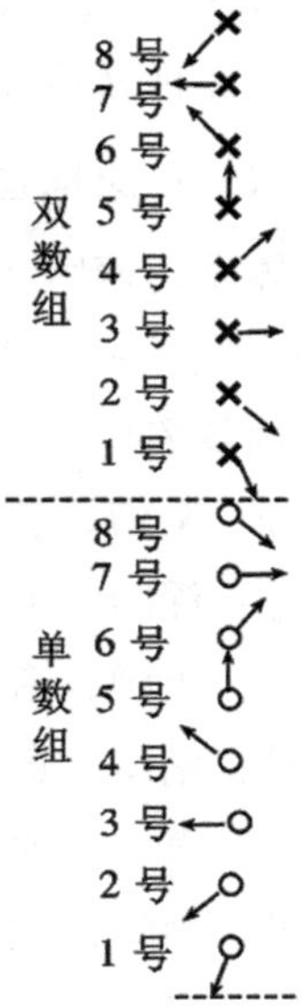

图 4 –2 –27　单、双数组预备位示意图

①预备姿势

②动作方法（以 1 个 8 拍 1 次循环为例）

单数组：1 ~4 拍 1 号从预备姿势开始，两臂按顺时针方向做匀速绕至左侧下道具触地。2 ~8 号也从预备姿势开始，两臂先按逆时针方向匀速绕至右侧下经道具触地后再按顺时针方向绕动。5 ~8 拍动作同 1 ~4 拍，但方向相反。各位置人员道具左右摆动方向、各拍节位置、身体姿势见图 4 –2 –26。

双数组：1 ~4 拍 1 号从预备姿势开始，两臂按逆时针方向匀速绕至右侧下道具触地。2 ~8 号也从预备姿势开始，两臂先按顺时针方向匀速绕至左侧下经道具触地后再按逆时针方向绕动。5 ~8 拍动作同 1 ~4 拍，但方向相反。在做动作时两臂 1 拍绕 90 度，但动作要连续不可停顿，身体随臂的高低做起伏动作。此动作反复进行即可形成摆龙。各位置人员道具左右摆动的方向、各拍节的位置、身体姿势见图 4 – 2 – 27。

（5）卷　龙

是波浪动作中纵浪的一种浪形。表演者手持道具成纵队站立，每队分成 8 人或 16 人 1 组若干组。根据使用道具大小，每人前后距离为 60 ~ 80 厘米。卷龙又有原地卷龙、原地转体卷龙、左右移动卷龙三种做法。

方法一：原地卷龙

身体做匀速蹲起动作的同时，两臂也做体前绕环动作。也就是在纵队上做麦浪动作（图 4 – 2 – 28）。下面以 8 人 1 组，1 个 8 拍 1 次循环为例介绍配合做法：

①预备姿势

1 号：全蹲，道具前下举。

2 号：深蹲，道具左侧下举。

3 号：半蹲，道具左侧平举。

4 号：稍蹲，道具左侧上举。

5 号：直立，道具上举。

6 号：稍蹲，道具右侧上举。

7 号：半蹲，道具右侧平举。

8 号：深蹲，道具右侧下举。

②动作方法：如果浪峰向后移动，2 号、3 号、4 号、5 号向下蹲，经左向下绕道具，1 号、6 号、7 号、8 号向上起，经右侧向上绕道具。

1 号：第 4 拍直立，道具上举；第 8 拍回到原姿势。

2 号：第 1 拍全蹲，道具前下举；第 5 拍直立，道具上举；第 8 拍回到原姿势。

3 号：第 2 拍全蹲，道具前下举；第 6 拍直立，道具上举；第 8 拍回到原姿势。

4 号：第 3 拍全蹲，道具前下举；第 7 拍直立，道具上举；第 8 拍回到原姿势。

5 号：第 4 拍全蹲，道具前下举；第 8 拍回到原姿势。

6 号：第 1 拍直立，道具上举；第 5 拍全蹲，道具前下举；第 8 拍回到原姿势。

7 号：第 2 拍直立，道具上举；第 6 拍全蹲，道具前下举；第 8 拍回到原姿势。

8 号：第 3 拍直立，道具上举；第 7 拍全蹲，道具前下举；第 8 拍回到原姿势。

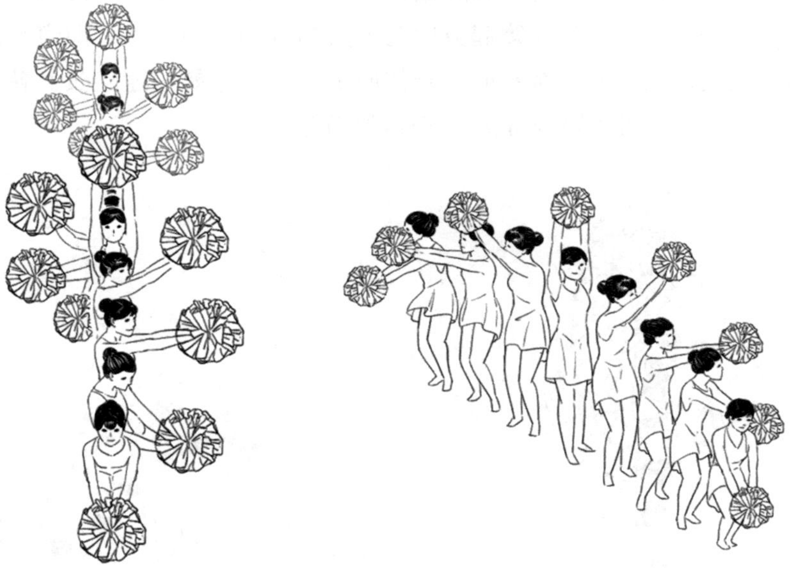

图 4－2－28　原地卷龙配合示意图（正面、侧面）

方法二：原地转体卷龙

原地转体卷龙是在原地卷龙动作基础上，用小碎步使身体匀速转体 360 度。此动作反复进行即可形成转体卷龙动作（图 4－2－29）。下面以 8 人 1 组，1 个 8 拍 1 次循环为例。说明：

①预备姿势：表演者按照所处位置编号将身体和道具调整到规定位置和姿势，具体如下（图 4－2－30）。

1 号：全蹲，面向前，道具前下举。

2 号：深蹲，左转 45 度，道具左侧下举。

3 号：半蹲，左转 90 度，道具前平举。

4 号：稍蹲，左转 135 度，道具左侧上举。

5 号：直立，右转 180 度，道具上举。

6 号：稍蹲，右转 135 度，道具右侧上举。

7 号：半蹲，右转 90 度，道具前平举。

8 号：深蹲，右转 45 度，道具右侧下举。

②动作方法：每人从预备姿势开始，原地小碎步、蹲起同时向右转体并按照规定方向做臂绕环动作。身体蹲起方向与道具的绕动方向一致，即道具向上绕动时身体向上站起，道具向下绕动时，身体向下蹲，动作要匀速连贯。转体动作和手臂动作要一致，不可手臂绕得快、转体动作速度慢。

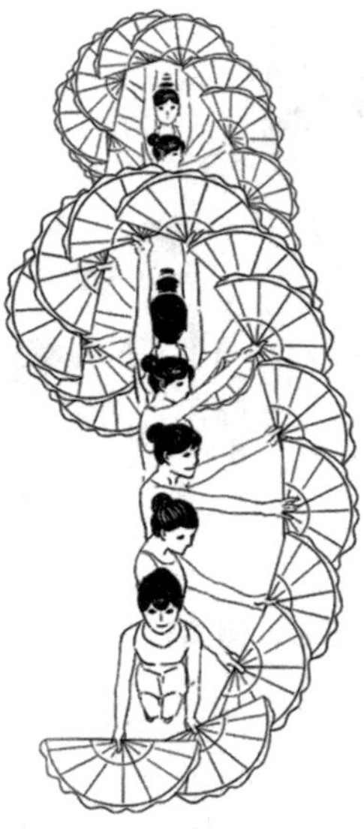

图 4-2-29 原地转体卷龙配合示意图

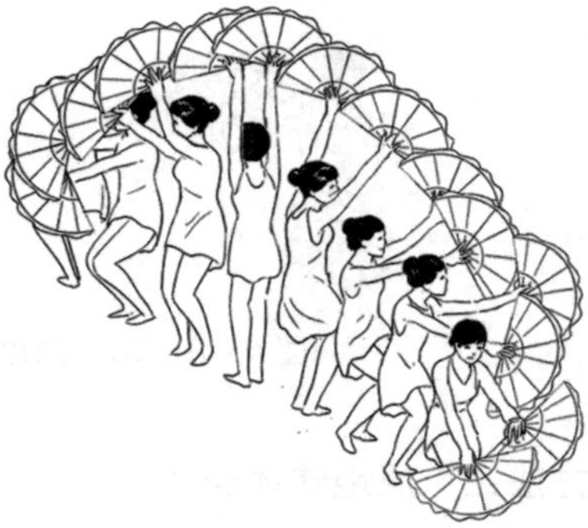

图 4-2-30 原地转体卷龙准备姿势示意图（8 人）

以 8 人 1 组，1 个 8 拍 1 次循环为例：

1 号：第 4 拍绕至上举，第 8 拍回到原姿势。

2 号：第 1 拍绕至下举，第 5 拍绕至上举，第 8 拍回到原姿势。

3 号：第 2 拍绕至下举，第 6 拍绕至上举，第 8 拍回到原姿势。

4 号：第 3 拍绕至下举，第 7 拍绕至上举，第 8 拍回到原姿势。

5 号：第 4 拍绕至下举，第 8 拍回到原姿势。

6 号：第 1 拍绕至上举，第 5 拍绕至下举，第 8 拍回到原姿势。

7 号：第 2 拍绕至上举，第 6 拍绕至下举，第 8 拍回到原姿势。

8 号：第 3 拍绕至上举，第 7 拍绕至下举，第 8 拍回到原姿势。

以 16 人 1 组，1 个 8 拍 1 次循环为例：

①预备姿势：演员按照所处位置编号将身体和道具调整到规定位置和姿势，具体如下：

1 号面向前站立，道具前下举。5 号：左转 90 度，道具前举。9 号背对主席台，道具上举。2 ~4 号和 6 ~8 号在 1、5、9 号之间，道具由低到高连成一线。13 号再向左转 90 度，道具前举。10 ~12 号和 14 ~16 号在 9、13、1 号之间，道具由高向低连成一线。参见图 4 -2 -31、图 4 -2 -32。图中“○”表示人，“→”表示道具方向。

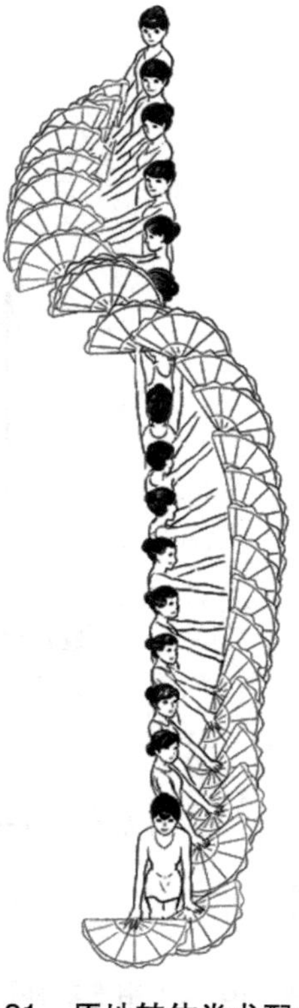

图 4 -2 -31　原地转体卷龙配合示意图

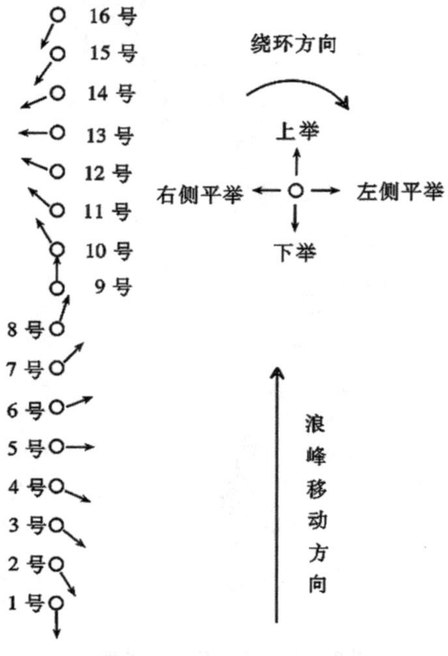

图 4 -2 -32　原地转体卷龙预备位示意图

方法三：左右移动卷龙

左右移动卷龙是在做原地卷龙动作同时做身体向左右移动动作，由于增加了身体移动，所以扩大了卷龙范围（图 4 －2 －33）。下面以 16 人 1 组左右移动卷龙为例介绍其配合方法：

①预备姿势

每人前后相距 60 厘米站成图 4 －2 －33 队形，每个演员的具体位置和姿势如下：

1 号全蹲，道具前下举，5 号半蹲，道具右侧举，9 号站立，道具上举，2 ~ 4 号、6 ~ 8 号身体和道具都由低到高连成一线，13 号半蹲，道具左侧举，10 ~ 12 号、14 ~ 16 号身体和道具都由高向低连成一线（图 4 －2 －34）。

图 4 －2 －33　左右移动卷龙效果示意图

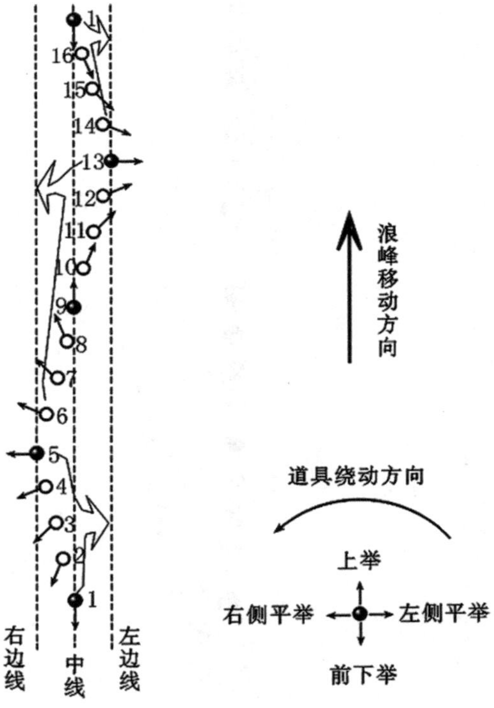

图 4 －2 －34　16 人 1 组左右移动卷龙预备位和配合示意图

②动作方法：为了便于说明动作，在移动范围内设3条线即中线、左边线、右边线。两边线与中线距离为60厘米。每人从开始位置向左（右）移动，到左（右）边线处折返，经中线向右（左）移动，到右（左）边线处折返，回到开始位置为一个动作循环。移动的步幅为30厘米。

③移动方向：1～5号向左移动，6～13号向右移动，14～16号向左移动。按此方法可使浪峰由前向后移动。当1个8拍循环1次时，各位置人员到达左右边线的拍节如下：

1号：第2拍移动到左边线，道具左侧平举，第6拍移动到右边线，道具右侧平举，第8拍回到原位置。

2号：第2.5拍移动到左边线，道具左侧平举，第6.5拍移动到右边线，道具右侧平举，第8拍回到原位置。

3号：第3拍移动到左边线，道具左侧平举，第7拍移动到右边线，道具右侧平举，第8拍回到原位置。

4号：第3.5拍移动到左边线，道具左侧平举，第7.5拍移动到右边线，道具右侧平举，第8拍回到原位置。

5号：第4拍移动到左边线，道具左侧平举，第8拍移动到右边线，道具右侧平举。

6号：第0.5拍移动到右边线，道具右侧平举，第4.5拍移动到左边线，道具左侧平举，第8拍回到原位置。

7号：第1拍移动到右边线，道具右侧平举，第5拍移动到左边线，道具左侧平举，第8拍回到原位置。

8号：第1.5拍移动到右边线，道具右侧平举，第5.5拍移动到左边线，道具左侧平举，第8拍回到原位置。

9号：第2拍移动到右边线，道具右侧平举，第6拍移动到左边线，道具左侧平举，第8拍回到原位置。

10号：第2.5拍移动到右边线，道具右侧平举，第6.5拍移动到左边线，道具左侧平举，第8拍回到原位置。

11号：第3拍移动到右边线，道具右侧平举，第7拍移动到左边线，道具左侧平举，第 8 拍回到原位置。

12 号：第 3.5 拍移动到右边线，道具右侧平举，第 7.5 拍移动到左边线，道具左侧平举，第 8 拍回到原位置。

13 号：第 4 拍移动到右边线，道具右侧平举，第 8 拍移动到左边线，道具左侧平举。

14 号：第 0.5 拍移动到左边线，道具左侧平举，第 4.5 拍移动到右边线，道具右侧平举，第 8 拍回到原位置。

15 号：第 1 拍移动到左边线，道具左侧平举，第 5 拍移动到右边线，道具右侧平举，第 8 拍回到原位置。

16 号：第 1.5 拍移动到左边线，道具左侧平举，第 5.5 拍移动到右边线，道具右侧平举，第 8 拍回到原位置。

在动作过程中，身体的高低姿势要逐渐变化。变化的规律是：道具下举时身体姿势为全蹲，道具平举时身体姿势为半蹲，道具上举时身体姿势为直立（“↑”为道具方向）。以 1 号为例，开始是全蹲臂前下举，向左移动至边线时身体成半蹲姿势，臂右侧举。折返至中线成站立，两臂上举，再向右移动至右边线身体成半蹲姿势，两臂左侧举。折返至中线身体还原成预备姿势。

上述 3 种卷龙动作的训练方法：都应先学会身体起伏的波浪动作、臂绕环动作，在这基础上再做转体或身体左右移动动作。

（6）蛇形浪

蛇形浪是波浪动作中的一种浪形。横队和纵队都可以做蛇形浪。

下面以 8 人 1 组 1 个 8 拍 1 次循环为例，介绍其配合方法。

①准备队形：在密集的横队上，表演人员左右互相搭肩或搭臂，前后跑成浪峰（图 4－2－35）。从横队移动到预备位置每个演员移动具体方向和距离如下。1 号向前跑 1.8 米，2 号向前跑 0.9 米；3 号原地不动，4 号向后退 0.9 米；5 号向后退 1.8 米，6 号向后退 0.9 米；7 号原地不动，8 号向前跑 0.9 米（0.9 米为一个标志点）。

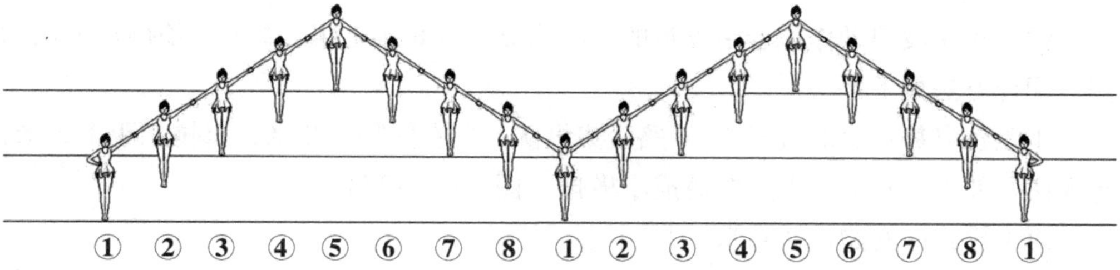

图 4－2－35　蛇形浪预备位示意图

②跑动的方法：准备队形站好后，每人在自己位置上，按 8 拍 1 个循环（共跑 7.2 米），每一拍跑 2 步（图 4－2－36）。

1 号：后退跑，第 4 拍跑到最后位置，第 8 拍跑到最前位置。

2 号：向前跑，第 1 拍跑到最前位置，第 5 拍跑到最后位置。

3 号：向前跑，第 2 拍跑到最前位置，第 6 拍跑到最后位置。

4 号：向前跑，第 3 拍跑到最前位置，第 7 拍跑到最后位置。

5 号：向前跑，第 4 拍跑到最前位置，第 8 拍跑到最后位置。

6 号：后退跑，第 1 拍跑到最后位置，第 5 拍跑到最前位置。

7 号：后退跑，第 2 拍跑到最后位置，第 6 拍跑到最前位置。

8 号：后退跑，第 3 拍跑到最后位置，第 7 拍跑到最前位置。

在动作过程中，每人动作要配合协调，左右不可断开。

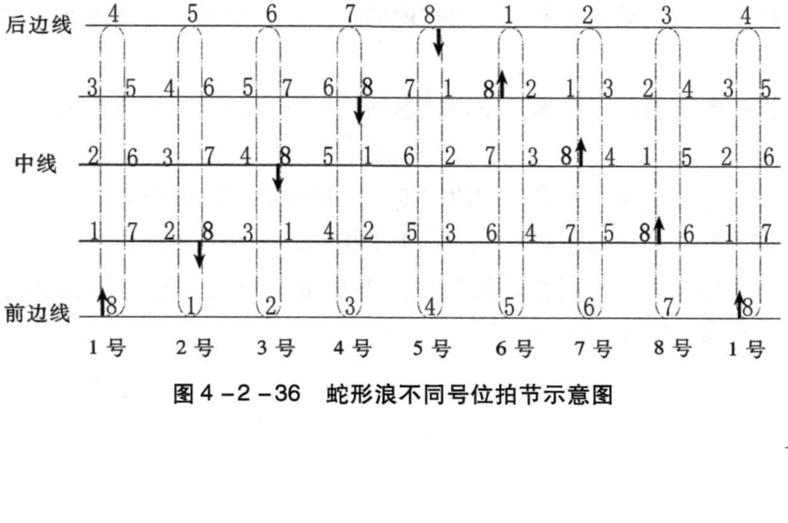

图 4－2－36　蛇形浪不同号位拍节示意图

（7）锯形浪

锯形浪是波浪动作配合中纵浪的一种浪形。以 8 排 1 组，2 个 8 拍循环 1 次为例，配合方法如下：

①预备姿势：表演者成 4～6 路密集纵队，左右间隔 0.8 米，每排相距 1.2 米，每人两臂伸出与相邻左右人搭肩成小横排（图 4－2－37）。

第 1 排：向右跑动 2.4 米。

第 2 排：向右跑动 1.2 米。

第 3 排：原地不动。

第 4 排：向左跑动 1.2 米。

第 5 排：向左跑动 2.4 米。

第 6 排：向左跑动 1.2 米。

第 7 排：原地不动。

第 8 排：向右跑动 1.2 米。

②跑动方法：用每步 60 厘米步幅，按 1 拍 1 步节奏，有规律地向左右跑动，上体无其他动作。设左边线和右边线（相距 7.2 米），每排从预备位置开始向左（右）跑动至左（右）边线返回跑至右（左）边线后返回至预备位置，为一个动作循环。各排每一循环移动方向和距离：

第 1 排：向左跑动 4.8 米至左边线返回至预备位置。

第 2 排：向右跑动 1.2 米至右边线返回，向左跑动至左边线返回，向右跑动回原位。

第 3 排：向右跑动 2.4 米至右边线返回，向左跑动至左边线返回，向右跑动回原位。

第 4 排：向右跑动 3.6 米至右边线返回，向左跑动至左边线返回，向右跑动回原位。

第 5 排：向右跑动 4.8 米至右边线返回，向左跑动回原位。

第 6、7、8 排：跑动距离与 2、3、4 排相同，但方向相反。

按上述方法跑动，不断移动锯形浪。各排准备位置、开始移动方向、到达左右边线、拍节参见图 4－2－38。

图 4－2－37　锯形浪预备姿势示意图（正面）

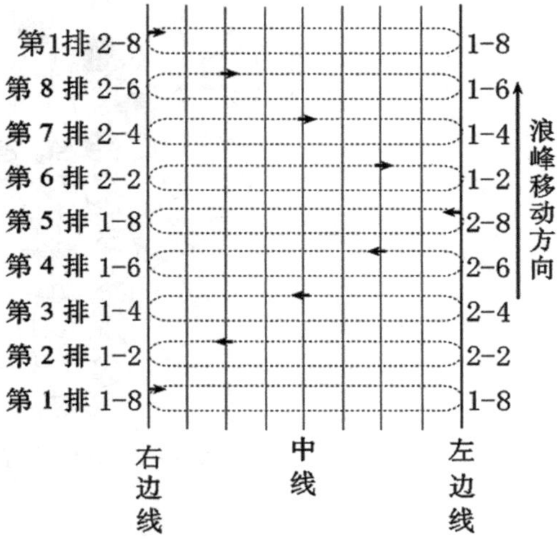

图 4－2－38　跑动锯形浪不同号位拍节示意图

（8）圆立转

圆立转是在圆形队形上做的一种表演人员移动而浪峰和浪谷不移动的波浪配合。表演者 16～24 人站成圆形，手持道具面向外。把圆周等分成高、中、低 4 个固定方位，主席台前为低位，远离主席台为高位，两侧为中间位。

①预备姿势：每个方位中间人做如下动作。高：直立道具上举。中：半蹲道具前举。低：全蹲道具前下举。其余人在两者之间把高、中、低位连成一个倾斜状圆（图 4－2－39）。

②动作方法：表演者用碎步沿圆周移动，圆的高、中、低位置不变，表演者身体姿势随圆方位高低变化，使圆始终保持倾斜状态，每人 12 拍或 16 拍转动

1 周。

③训练方法：首先练会碎步移动中身体姿势高低变化；然后在圆外不同方位分别站 4 人，向练习者示意圆高低位置；最后可在地上画一圆，在圆周上做动作，使圆的形状和大小始终如一。

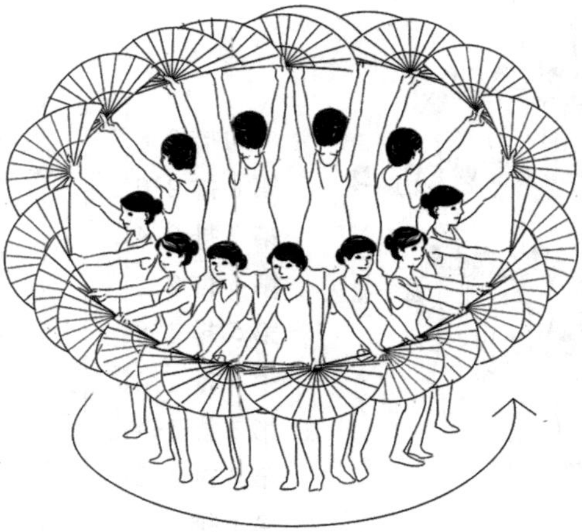

图 4 -2 -39　圆立转配合效果示意图

（9）圆滚转

圆滚转是在圆形队形上做的波浪配合，一个圆形队形上有一个浪峰和一个浪谷，一般是 12 ~24 人一组，站成圆形，手持道具面向外，每人间隔约 60 厘米。用花条、藤圈、扇子等面状道具能收到较好表演效果。

配合方法如下。

①预备姿势：同圆立转。

②动作方法：表演者身体不移动，只在原地按波浪动作的规律做身体起伏动作，使浪峰和浪谷位置在圆周上移动，浪峰和浪谷可 4 拍转动 1 周也可 8 拍转动 1 周，原理同蹲起浪，反复连续地做此动作即可形成圆的滚动（图 4 -2 -40）。

③训练方法：先在横排上训练蹲起波浪，要求道具要相互连接，不可断开。然后再在圆形队形上练习，先调整好圆斜面，然后慢速练习，注意道具衔接，最终过渡到正常速度。

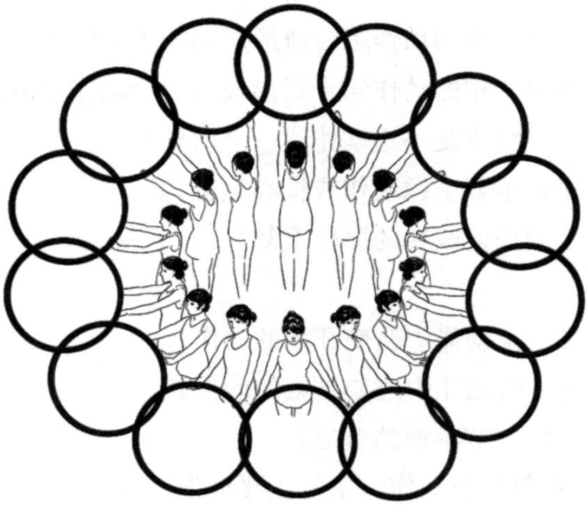

图4-2-40　圆滚转配合效果示意图

第三节　表演动作编创技法

大型文体表演在编排中最核心的部分就是如何按照一定规律来编排和结构人体动作，使之成为既富个性，又流畅生动，并且能够鲜明体现主题的作品。这就需要我们运用一定的方法和手段来进行编排。下面介绍几种常见的编创技法。

一、重　复

这是组合动作语言最原始最简便的方法，目的是为了保留视觉的延续性，可加深印象和加强力度，构成一种积极的推进作用。重复是大型文体表演中塑造群像的基本手段，没有一定动作重复，就体现不出表现内容，捕捉不住形象。重复主要有以下几种：

1. 单一重复（一个动作、一个姿态、一个步法、一个技巧的重复）。

2. 组合重复（两个以上的动作组合起来进行重复）。

3. 句子重复（两个八拍的动作组合所形成的一个动作句子进行重复）。

4. 段落重复（四个八拍的动作句子所形成的一个动作段落进行重复）。

5. 不间断重复（连续重复一组动作或一个动作）。

6. 间断重复（再现重复主题动作或核心组合）。

7. 完全重复（不做任何改变的原样重复）。

8. 不完全重复。

（1）改头重复（一组动作中改变开始的动作）。

（2）改尾重复（一组动作中改变结束的动作）。

9. 节奏重复（对特殊节奏型的重复）。

10. 省略重复（重复一组动作时重复主要动作，省略次要动作）。

11. 扩充重复（在一组动作中的某一个动作重复两次或三次）。

12. 加花重复（一组动作在重复中加进新动作进行重复）。

在进行大型文体表演动作编排时，应合理安排动作重复次数，重复既不能不用，也不能滥用，适当地运用重复的编排技法是非常必要的。首先，动作或组合动作重复应该是有规律的，不能像广播体操那样重复太多。重复多了就无变化，没有变化、枯燥无味的动作会使观众厌倦。一般来说，动作形式、动作方向与动作速度等都一样的一组动作，其重复次数最好不超过两次，太多了就显得单调。例如简单蹲起动作，采用集体共同做的形式，一般采用两次。如果采用单、双排交替做的形式，也最好出现两次。另外，也可以采用不同速度、不同连接方法等编排手法来增加动作重复次数。

二、对　比

对比是动作组合中运用最广泛、使用行之有效的方法。主要有关系对比和各种类型的对比，以及二者的结合。

（一）关系对比

1. 强比，两级对比——两个反差极大的形象或动作的对比；

2. 弱比，近似细微的对比——两个差别不大的形象或动作的对比；
3. 同类对比——性质一样的形象或动作对比；
4. 不同类对比——不同性质的形象或动作对比。

（二）各种类型的对比

1. 美感对比——刚性美与柔性美，内在美与外在美，动态美与静态美，单纯美与复杂美，虚灵美与拙实美，朴素美与夸张美，庄严美与滑稽美，喜性美与悲性美等；
2. 力度对比——轻与重，强与弱；
3. 速度对比——快慢，急徐；
4. 幅度对比——大小，长短，宽窄，深浅，薄厚，高低；
5. 方向对比——上下，左右，前后，横竖，斜正，平立，顺逆，面背，分合；
6. 线形对比——点线，面体，方长，圆直，角块，乱整；
7. 密度对比——单复，多寡，收放，聚散，密稀；
8. 光色对比——明暗，冷暖，清混，浓淡。

（三）常用对比关系示例

1. 动作的动与静

根据思想内容及其表演效果需要，所编动作应有动有静。动静结合，以使表演富有诗情画意。如“革命赞歌”中的工人操，在出现炼钢和钢水奔流场面之后，全场迅速组成大小齿轮图案静止不动，随后链带连接大小齿轮飞速转动，形成了动与静鲜明对比，展示了我国工业取得辉煌成就，收到很好的表演效果。

2. 动作的虚与实

生活是创作的源泉。创编人员应将现实生活中那些丰富的感性材料予以提炼、加工，以便创编更多富有代表性、典型性动作来充实大型文体表演的内容，形象生动地反映生活。大型文体表演主要靠队形、动作并配以其他艺术形式等来表现主题。表演中那些形象的队形和具有特定意义的图案以及各种象征性的模仿动作，观众一目了然，可称之为“实”；而有些动作，如倒立、劈叉、下桥、臂侧举或上举等并无特定含义，可称之为“虚”（渲染气氛动作）。“虚”不可无，在某种意义上“虚”可表示体育与艺术的技术水平，只有虚实结合才能使得大型文体表演精彩纷呈。

3. 动作的快与慢和刚与柔

根据表演内容需要，动作安排应有快有慢、有刚有柔。快与慢是指表演动作速度，刚与柔是指做动作时的力度。两者有着密切的联系，与表演动作节奏和表演情绪直接相关。表现激情内容时，多选用快速、刚健有力的动作；而表现抒情内容时，多用缓慢、柔和、优美而舒展的动作。因此，在创编动作时应注意快慢结合、刚柔相济。

4. 动作的大与小和高与低

大型文体表演的特点是人多场面大，观众离表演场地较远、较高。因此在创编动作时要特别注意选择具有大效果和远效果的动作。如大幅度挥摆、绕环动作，身体由全蹲至直立或由直立至蹲、撑、卧以及能连成线、形成面的动作等。但是也不要忽略那些小巧灵活又耐看的小动作，因为在大幅度动作表演中适当配合些小幅度动作可以使其形成鲜明对比。即使是同一动作也可有姿势高低变化，如直立两臂侧上举和全蹲动作，可安排单数行先做下蹲，双数行则直立两臂侧上举，按照规定拍节交替进行，虽然动作不难，但具有明显起伏变化和较好的画面效果。

5. 动作的齐与乱

动作整齐划一是大型文体表演一大特点，也是一项基本要求。因此，编排动作时应尽量避免那些不易做整齐的动作，但又不能绝对，在某些特定表演情节中，根据不同对象以及不同内容，安排个别不易整齐表演动作反而能收到较好表演效果。如儿童模仿游泳时，两腿上下快速交替做打水动作，在统一节拍内不限打腿次数，尽量快做，表演生动形象，充分地表现出孩子们活泼、可爱和积极锻炼身体的动人场面。

6. 动作的一致与综合

当选用整齐一致的动作时，创编与训练比较容易，而复杂的大场面图形选用不同难度动作组合，形成表演高潮综合动作时，创编与训练难度则大得多。在编排动作时不仅要编排寓意深刻的队形图案，把全体表演者合理而精确地安排在每一个不同位置上，还要让主要位置、次要位置上的表演者在规定同一节拍里完成不同动作，使其有主、有次，有动、有静，层次分明，动静结合，以形成表演高潮。创编动作时，应努力处理好上述各种关系，使每个动作都尽可能地达到其表演最佳效果。

7. 动作的难与易和重点与一般

大型文体表演的演员多，身体训练水平和技术基础又不尽相同。在人数多、训练时间短的情况下，选编动作应容易些，便于收到整齐美观的效果。人数较少、表演又具有一定的水平，动作则可相对编得难一点，使表演更精彩。为了增强表演效果，有时可安排绝大部分表演者在适当队形上，以低姿势做简单的陪衬动作，而选择少数水平较高表演者或专业演员做难度稍大的动作，以突出重点。

三、模　进

模进也称移位，音乐术语。这一手法在音乐中是将乐曲的主旋律或其他乐句的旋律、乐节、乐汇等做上行或下行的重复，但不改变原有的旋律音程关系。用在大型文体表演的动作编排上，即是将动作进行从大到小、从小到大，从左到右、从右到左，从内到外、从外到内幅度的增减；节奏的从慢到快、从快到慢，速度上的增减；人数的从多到少、从少到多，数量上的增减等，把动作或构图进行阶梯式的上升和下降处理，使作品推向高潮。

四、卡　侬

卡侬在音乐中是复调的一种，即所有声部都用统一旋律以相同或不相同的高度在各声部先后呈现。后一声部按一定间隔依次模仿前一声部而进行，即此起彼伏、连续不断地模仿，造成一种错综和谐的交替形式的美感。

我们将卡侬的编排方法运用到大型文体表演动作的编排当中，大量运用空间调度和动作自身的时间差，在时间和空间上产生此起彼伏、错落有序的交替效果。在动作的编排上后者严格模仿重复前者的动作，但如果稍有不慎，就会产生动作的不协调感，破坏卡侬的交替性，从而丧失这种形式的审美价值。

五、解构与重构

在大型文体表演中，每一个具体的动作都是既占有空间又占有时间，在时间的流动中呈现出动态与韵律。因此每一个动作是由时间、空间、力量、情感这四种因素构成的，我们将一个动作的这四种因素先拆解出来，找到它的可变性，进行发展变化再重新组装，就完成了动作的解构与重构。根据这种方法编排的动作，在原有动作的基础上发展变化，加入创新的因素，往往会创造出新的动作语汇，新奇而又不失其风格性，千变万化终不离主题动作语汇。

动作的四种因素：

（一）时间因素

时间是一个较为抽象的概念，“时”是对物质运动过程的描述，“间”是指人为的划分。时间在动作编排中通常又被称为“节奏”，但事实上“节奏”和“时间”并不是同一个概念。“节奏”存在于整个宇宙之中，万事万物都有自己特殊的节奏；“时间”亦存在于整个宇宙之中，万事万物都经历着相同的时间。所以“时间”和“节奏”分别有各自的含义。“时间”指时光的长短，称为“时值”；“节奏”指音响运动的轻重缓急的规律。故动作“节奏”包含两层含义：一指“时值”，一指“节奏型”。因此，这里的时间因素，不仅指动作的节拍和时间长短，还包含动作的节奏形态，它是决定动作风格的重要因素。

（二）空间因素

空间是与时间相对的一种物质客观存在形式，由长度、宽度、高度、大小表现出来，通常指四方（方向）上下。空间由不同的点和线组成，点和线又组成不同形状，形状便是空间的占有方式。

动作的空间因素主要指动作的空间占有方式，包括静态造型对空间的占有方式（高、中、低三个空间维度）、画面构图，以及动态动作的运动空间轨迹和运动规律等。大型文体表演动作的空间因素是在不断地流动与相对的静止中体现的，它是运动过程中的律动美与空间占有的造型美相结合的完美体现。

（三）力量因素

力量因素在大型文体表演动作中主要表现为多种多样的“劲力”，有大、小、强、弱、松、紧、缓、急之分。力量因素在大型文体表演动作中体现为动作的质感，亦即松紧强弱大小缓急的“劲”所形成的动作状态。虽然表演者在表演中运用了不同力量层级实实在在物理的力去完成各种动作，但从编创者到表演者，均不是为了在表演中去展示这种物理的力，而是通过这种物理的力传递出人体的美和表演的主题与意境，建构出一个具有无限想象空间的艺术境界。

（四）情感因素

情感是态度这一整体中的一部分，是人受外界刺激而产生的心理反应，如喜、怒、悲、恐、爱、憎等。情感因素的表达需要通过人的面部表情、语言声调表情和身体姿态表情等方式向他人表达自己的情感特征与情绪变化。人的身体姿态表情是丰富多样的，这正是动作情感因素的表达方式。正襟危坐可知其恭谨或紧张，坐立不安可知其焦急慌张，手舞足蹈可知其欢乐，捶胸顿足可知其懊恼，拍手时可知其兴奋，振臂时显得慷慨激昂，握拳时显得义愤填膺，搓手不停时表示心中烦躁不安。轻盈的脚步可看出心情愉快，沉重而不均匀的脚步表明处境不佳，迟缓的脚步表明心事重重，铿锵有力的脚步表明勇敢与坚强。昂首挺胸表明自信与自豪，点头哈腰表明顺从与谦恭，手忙脚乱表明心情紧张，全身擅抖又冒虚汗表明心虚害怕。情感的准确表达，需要表演者全身心地投入其中去体会，才能正确把握与表现不同的情感因素。情感因素的改变，可使同样的动作表现出不同的含义与内容。

六、设计表演动作时应考虑的问题

（一）动作编创要为表演主题和内容服务

由于每一场大型文体表演都有特定的主题和思想内容需要表达，因此，大型文体表演动作编创必须很好地揭示主题、表现内容。对于不同的主题和内容，动作编创思路也不同，如表现革命激情内容时，多选用快速、刚健有力动作；而表现浪漫抒情内容时，则多用缓慢、柔和、优美而舒展的动作。随着大型文体表演创编水平的不断提高，大型文体表演动作编排的变化也日渐多样。在具体编排动作的过程中，应以每部分表演的中心思想与风格特点为依据，动作还要符合人物形象、性别和年龄特征。因此动作应具有代表性、典型性，并运用夸张的手法，在形体上、节奏上予以艺术加工，使之更好地反映主题。

（二）动作编创要侧重远效果和大效果

由于大型文体表演主要是群众演员，表演中注重整体大效果，注重集体配合。所以，在创编动作时要考虑动作难易程度，选择适合演员接受能力的动作，要考虑动作远效果、整体效果，选编易于整齐划一的动作，这样才能使表演达到预期效果。对演员的表情训练也很重要，要从始至终要求演员富有感情地表演。

（三）动作编创及相互配合要适合完成动作队形

一般而言，大型文体表演创编从选择队形开始，进而选择适合此队形的动作。在编创表演动作时，我们需要考虑动作应适合队形特点。大型文体表演中任何一个动作都是在不同队形中进行的。不同队形适应不同动作，同一动作也可在不同队形上表演，效果也就不同。因此，在编创动作时必须处理好动作与队形关系。如在圆形队形上，适合做各种开、合、转动，顺圆轨迹跑跳以及向圆心聚拢与向外扩散等动作。在散点队形上，徒手体操与持轻器械动作均可。在综合队形上动作则应注意层次分明，应给人以十分清晰的感觉。对称、交替起伏配合方法适合在散点队形上采用。卷龙、摆龙、锯形浪配合方法适合在纵队上采用。蹲起浪、海浪、麦浪适合在横队上采用。圆立转和圆滚转适合在圆形队形上采用。总之，无论什么动作，何种配合方法，人与人之间应保持适当间隔、距离，以适应并表现不同队形风格特点，并使动作与队形交相辉映，浑然一体。

（四）动作编创要符合服装与道具特点

利用道具不同特点创编动作，既有益于表现主题，又能使动作本身富有特色。运用得当，不仅可以大大地丰富表演动作的内容，而且还可提高动作的表现力。

如手旗具有“面”的特点，当其下垂时，可以视为“线”形态，一经舞动，即可形成多方向“面”，柔则轻飘，刚则劲风，直立则挺拔，平挥则舒展。这种道具比较适合流动的动作。又如彩球、花朵、手电筒等，较为活泼、灵巧、多变，又有“点”的特点。静止时像繁星镶嵌在蓝天，当挥动这个“点”时，在不同队形上即可成线或面，点、线、面交相变换，既可表现热烈、欢腾场面，又可组成多种美丽队形图案。服装颜色有助于提高动作表现力，同一个动作，服装颜色不同，其效果就不一样。如做海浪动作，穿一身白色服装其海浪波纹并不明显，若改穿蓝色长裤、白色上衣（或浅色上衣），海浪波纹就十分明显。因此在创编动作时，要注意服装色彩对动作所产生的影响。创编动作时要注意选编本国、本地区、本民族群众所喜闻乐见的表演动作，使表演更富于地区特色和民族特点。

（五）动作的最佳显示面要面向主席台

创编动作要注意动作的显示面，即如何显示动作最佳效果问题。在运动场馆观看大型文体表演不同于剧场，四面均有观众，而一个动作不可能产生全方位最佳效果。通常以照顾主席台及其两侧观众为主，兼顾其他。如儿童表演下桥动作，侧对主席台方向效果最好，而正对主席台方向效果就不好。如何使每个动作都达到其表演的最佳效果，并将最能显示动作特点与效果的动作方向和形态纳入主席台及其两侧观众视野范围，同时又能兼顾其他方向观众观赏要求，是创编人员在创编动作时应注意的问题。

（六）动作拍节要符合音乐要求

编创动作要符合音乐基本要求，一般来说，动作节拍是 2 的 n 次方。如 2 拍、4 拍、8 拍、2 个 8 拍、4 个 8 拍、8 个 8 拍、16 个 8 拍等，避免拍节数为奇数，否则会破坏音乐完整性，并给作曲工作造成困难。如果编排动作前就选好了乐曲或歌词，则应根据乐曲旋律及歌词内容来创编动作，以使动作编排得更连贯、完整和富于感情。

（七）实地效果检验

大型文体表演人数众多，训练难度相对较大，投入的人力物力较多。在动作创编中，一定要慎重，不可草率，所创编的动作在大面积开始训练前，应该找部分人员到现场实际观察其效果，待修改完善后再大面积训练。应避免或减少承演单位开始训练后反复改动表演动作。

思考题

1. 什么是一致动作？
2. 什么是对称动作？
3. 简述表演动作素材的分类。
4. 简述交替动作的概念。
5. 简述依次动作有哪几种方式？
6. 简述波浪动作分为哪几种浪形？
7. 表演动作的编创技法主要有哪几种？
8. 设计表演动作应考虑哪些问题？

第五章
空间构图设计

第一节　表演空间

对大型文体表演来讲，表演空间是我们展示大型文体表演艺术构思和表演成果的物质承载空间，因此，在大型文体表演的编排中我们要充分地利用表演空间，使演员的表演与舞台融为一体，使舞台空间也成为大型文体表演的一部分，从而更好地表现主题、突出意境，达到最佳的表演效果。

一、表演空间的概念与类型

（一）表演空间的概念

表演空间是一个人为限定的、以艺术演出形式反映现实生活的、特定的艺术活动空间。

大型文体表演是一种时间性与空间性相结合的综合性艺术，在表演的过程中时间与空间始终融合在一起，其演出的过程需要在一个特定的表演空间来展示，需要一个能营造意境和体现表演场面与表演内容的特殊环境场所。我们往往会选用体育场馆、剧场、展览中心或广场作为表演空间。

表演空间本身是一个没有任何意义和情感的空间，通过不同的人体动作能使这个无意义、无情感的空间产生情绪、充满活力，在一个个有限的表演空间中可以展现丰富多彩的社会生活环境、内容以及古往今来的历史场景和人物形象。

（二）表演空间的形式类型

随着社会的发展、科技的进步，表演空间的样式已经有了极大的丰富和发展，到今天已经发展出了多种多样的表演空间形式类型。基本上可分为以下四种：

1. 镜框式表演空间

镜框式表演空间是一种利用舞台在表演区最前端使用类似镜框式构图台口的舞台形式，其特征是观众从一面观看。这种形式最早产生于文艺复兴时期的意大利，1618 年意大利建筑师阿利奥提在帕尔玛建起第一个镜框式台口的舞台，舞台框分割了表演区与观众区，有利于创造戏剧幻觉，它净化了舞台画面，有利于舞台画面造型的完整性，促进了布景技术的发展。但镜框式表演空间的局限在于表演区与观众区的分离，不利于演员与观众的交流。

2. 伸出式表演空间

伸出式表演空间是一种表演空间延伸至观众席中间的舞台形式，这样观众可以从舞台前方和两侧来观看表演。这种舞台形式古已有之，古希腊剧场、莎士比亚时期的英国剧场、中国宫廷剧场和庙台戏楼等就是这种观众从三面围看的舞台。现代的伸出式舞台是 20 世纪初德国导演莱茵哈特倡导的，后来在世界各地广泛使用，旨在突破镜框式舞台的束缚，将表演区扩大到观众区中间，有利于加强观演交流。在此类表演空间进行的表演动作、舞台造型和队形变化需要照顾到三面观众，布景装置设计不能遮挡观众视线。

3. 中心式表演空间

这是一种将表演区设在观众席中间的舞台形式，即观众从四面围绕观看，中心式表演空间也是一种最古老的舞台形式。这种舞台形式，在现当代许多表演中被广泛使用，它使观众与演员之间的空间关系更加密切，有利于交流。为了照顾四面观众的视线，演出中一般不用大的布景，而以道具和低矮的布景装置为主。大型运动会开、闭幕式表演选用的就是这种形式。

4. 可变式表演空间

可变式表演空间是一种灵活自由的舞台形式，表演舞台不是固定不变的，而是可以根据表演内容的需要随时调整观众席和表演区的空间关系（见彩图 23－27）。

二、表演空间调度的概念与作用

（一）表演空间调度的概念

表演空间调度也称场面调度，是动作、构图的运动形式。它通过演员与舞台景物间的组合，演员与演员，以及演员自身的体态，通过演员在舞台上流动位置的安排与转变，或通过一系列形体动作过程，构成艺术语汇，使表演更加视觉化。

（二）表演空间调度的作用

1. 空间调度可以加强大型文体表演的流动感和可视性

在大型文体表演中，合理运用队形的变化和演员在表演空间中的调度，能够丰富表演形式，使其多样化，给人以赏心悦目的感觉。

2. 空间调度可以加强大型文体表演的立体感和层次感

立体感和层次感营造，可以使大型文体表演所表现的艺术空间更丰富、更广阔，给观众的想象空间也就更自由。

3. 空间调度可以增强大型文体表演的形式美，对表现主题、刻画人物都会起到积极的作用

总之，空间调度就是动作的画面，它必须要有一个核心的全面布局和规划。根据情节的发展、情绪的起伏、节奏的变化，把人体动作和画面组成为一个严谨的结构。

第二节　队形构图设计

队形构图设计是大型文体表演三大构成要素中特别重要的一个部分，队形构图的巧妙设计与变化，直接影响着大型文体表演艺术性、流畅性和表演效果的呈现。在一场大型文体表演中，队形构图的设计是为整个表演主题内容服务的，队形构图变化形式的选用也应以更好地揭示、烘托、渲染主题内容为依据，使整个表演内容与表演形式达到和谐统一。

大型文体表演中的队形构图是由表演者的舞动、移动、组合、连接与变化形成的，成功的关键在于编排者对人员、图案、运动路线的合理设计，才使得表演画面从一个构图瞬间变化成另一个构图，给观众丰富多变的视觉享受。

一、构图元素的类型

大型文体表演的构图是由队形图案的形状、变化方式、移动路线所形成的表演画面构成，构图的基本元素我们称之为图素，它包括点、线、面三个基本形态。

（一）点的图素

“点”在大型文体表演中是最基本、最常见的图素，它在构图中有自己特殊的性质与用法，因为所有的队形图案都是由每一个独立的“点”构成的，所以设计好的每一个图案的呈现最终都会落到基本“点”上，落实到每一个具体演员的站位上。

（二）线的图素

两个相邻的“点”之间就形成了“线”的图素，包括直线、曲线、折线、涡线、放射线等。

（三）面的图素

“线”的闭合性连接就形成了“面”的图素，也就是我们常说的几何图形与各种图案，包括方形、圆形、三角形、菱形、矩形、五角形、多边形、花瓣形和各种具有象征意义的图形和数字符号等。

二、图素表现内涵与对应队形图案的分类

（一）“点”的图素队形

1. 散点队形

散点队形是以“点”为图素构成的大型文体表演最常见、最基本的队形。散点队形是指间隔、距离相等的体操队形。中学生与成人间距一般定为2.2～2.4米，小学生定为2～2.2米。使用中长道具时可定为3.6米的间距。散点队形横排与纵排长度之比为4∶3或3∶2，这种比例符合黄金分割原理，视觉效果较好。散点队形是各种队形变化的基础，由散点队形可直接变成各种长短直线、弧线，大小圆形和各种几何队形。散点队形使表演者布满全场，气势宏大，表演场面壮观。

2. 密集构图

密集构图不是以创制构图形状为目的，而是不规则的、充满旺盛生命力点状的集中。密集构图所具有的性格表情是厚实的，有一种黑压压的感觉，一种原始的粗野的感觉，如果再加上动作，就成为有压迫力的某种感觉。

（二）“线”的图素队形

以“线”图素形成的队形指纵队、横队、斜排、弧形、S形、折线形、放射形等直线或曲线但不连接封闭的队形。线条队形可以是多路、多列进行排列，线条可长可短，排列的方式有很多，可以是平行的、并列的、分组的、穿插的、分区域的等等。为使线条队形清晰，远观效果好，成纵行时人与人之间前后距离要小，而左右间隔要大。成横排时人与人之间左右间隔要小，而每排之间距离要大，在较长的直线队形上进行表演时尤其要注意。短直线变化灵活，可根据需要就近变

成方形、菱形、弧形和圆等队形，特别适合儿童表演。

1. 横　队

横队由于样式极度稳定，与我们生活的大地呈平行线，因此带来的视觉心理是平稳宁静、舒缓开阔的。

2. 纵　队

纵队属垂直线，与地球引力的方向一致，与我们站立的方向一致，因此也是稳定的样式，但与横队的水平线不同的是它有接近天空的意向，产生高耸向上的动感，给人以无限延伸感觉。

3. 斜　排

斜线因为偏离稳固的水平线和垂直线而产生动感，有爽快的感觉、强烈的感觉、尖锐的感觉等，并有向远处无限延伸的视觉效果。线条倾斜的时候角度很重要。

4. 弧　形

有一种柔软的、舒服的、膨胀的感觉，给人舒缓悠然的感觉。

5. S　形

曲线和近似曲线的东西有一种温暖亲密的感觉，给人浪漫、轻盈、流畅的感觉。

6. 折线形（M\W\X\Z 形）

折线是由倾斜线相连接并且组合而成，具有分割空间的明确作用。折线也有横向和纵向的走势，折线的组合搭配非常注重画面的平衡感，向左倾斜（几笔）之后，出于平衡的需要，会有向右趋势的斜线来将力量进行分配。

7. 放射形

放射线能够表现广阔的空间和延伸的感觉。

潜伏在直线、曲线各自的底层的表情，表现在作品里是由表现运动和身体的方向、高低等的变化来体现的。

（三）“面”的图素队形

以“面”图素构成的队形主要有带角队形、圆形队形、组字图案和特殊图案队形几种。这些图案可以是空心或实心两种排列方式，也可以是单层、双层或多层的，还可以是对称或者自由变形的。

1. 带角队形

带角队形见棱见角，规格整齐，主要有三角形、方形、菱形、矩形和锯齿形等队形。上述队形可以根据表演人数多少而组成空心或者实心图案。空心带角队形由直线队形拆组最好，而实心的带角队形最好由密集纵队或横队拆组，也可由散点队形直接组合而成。带角队形表演能给人以庄严和进取感觉。例如，方形具有平行的两对边与四个直角，具有稳定、力量、大气的感觉；三角形给人摇摆不定、尖锐、压力的心理感受，同时因为不稳定有一定的动感。

2. 圆形队形

圆形给人一种圆满、团结、生生不息、循环往复的感觉，它也是原始舞蹈与民间舞蹈最常使用的图形。圆形队形又可设计成单圆、双圆、交错的圆等。常常用来表现抒情、欢快的内容和情绪。这种队形适合青年女子表演，并结合各种柔和的舞步与动作给人以优美感觉。

3. 组字图案

组字图案一般由字形、字母或年号等元素构成，能准确地表现时间、数量和具体主题与内容。通常都要与其他队形结合运用，一般不单独表演。

4. 特殊图案

特殊图案通常是指具有特定寓意，且结合表演中心思想及主题需要而精心设计的图案。这种图案可直接点明主题。最典型的如某大型运动会会徽、徽标、吉祥物及其特定标志等，或图案本身就具有一定寓意。特殊图案通常是为了突出表演主题而精心设计的，一般放在分场结尾部分作为高潮出现。设计时要特别注意扣紧该表演场次中心思想，使其既能体现民族风俗又能反映地区特点。切忌直接把几个好看的图案连续安排在一起，没有过渡，观众会因此产生审美疲劳，而达不到应有的效果。图案形成后，还需在此队形上做一定时间的表演或停留，这样会使观众感到变化巧妙并能够深刻记住这个代表性图案。图案布局要与场地大小成恰当比例，图案线条要清晰，主次要分明。

表 5－2－1　图素表现内涵与对应队形图案分类表

图素类别	图案类型	图案队形	表现内涵
点的图素	散点队形		气势宏大，表演场面壮观。
	密集构图		厚实、原始、粗野的感觉，有压迫力的感觉。
线的图素	横队		稳定、宁静、舒缓开阔的感觉。
	纵队	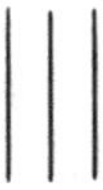	高耸向上的动感，给人以无限延伸感觉。
	斜排		动感、爽快、尖锐、向远处无限延伸的感觉。
	弧形		柔软、膨胀、舒缓悠然的感觉。
	S 形		浪漫、轻盈、流畅的感觉。
	折线形		具有分割空间的作用。
	放射形	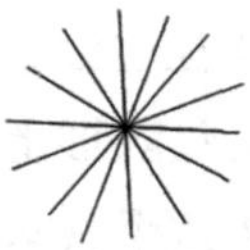	表现广阔的空间和延伸的感觉。

续表

图素类别	图案类型	图案队形	表现内涵
面的图素	带角队形	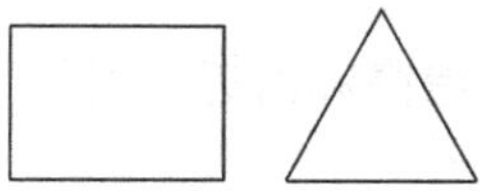	方形具有稳定、力量、大气的感觉； 三角形给人摇摆不定、尖锐、动感的感觉。
	圆形队形	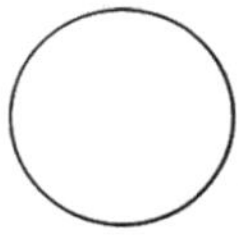	圆满、团结、生生不息、循环往复的感觉。
	组字图案		准确地表现时间、数量和具体主题与内容。
	特殊图案	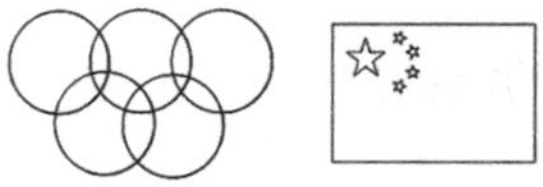	具有特定寓意，可直接点明主题。

三、队形构图的移动

我们把一边保持某一种构图，一边移动位置的现象称作构图移动。构图移动是摆出构图的表演者在原有位置的相互关系不遭到破坏，原封不动地保持构图进行移动。

（一）构图移动线的基本特征

构图移动的运动轨迹被我们称之为构图移动线，不同的构图移动线所呈现出来的情感倾向也是不同的，其基本特性可以归纳如下：

1. 平行移动线

一般表现平静、自如、安定与平稳感。

2. 斜线移动线

一般表现有力地推进，有动感和深度感。

3. 纵线向前移动线

一般表现强健、有力、庄重、崇高和由远及近的距离感。

4. 纵线向后移动线

一般表现消失、飘忽、由近及远的空间感。

5. 曲线移动线

一般表现活跃、跳动、流畅的感觉。

6. 弧形移动线

一般表现柔和、圆润、和谐的美感。

7. 涡线移动线

一般表现壮丽、浑然、流转的震撼感。

（二）复合构图的移动方式

1. 平　行

平行的移动方式，是指两个以上的图素向同一方向移动，两个图形之间的排列关系没有改变。

2. 反　行

反行的移动方式，是指两个以上的图素向相反的方向移动，拉近或变远两个图形的排列关系。

3. 交　叉

交叉的移动方式，是指两个以上的图素通过移动形成交叉的效果或交叉的移动线，形成一种交错的构图排列关系。

4. 放　射

放射的移动方式，是指两个以上的图素各自向外侧移动，形成向外放射的移动线，并形成新的构图排列关系。

表 5-2-2　复合构图移动图示表

类别	移动图示
平行	
反行	
交叉	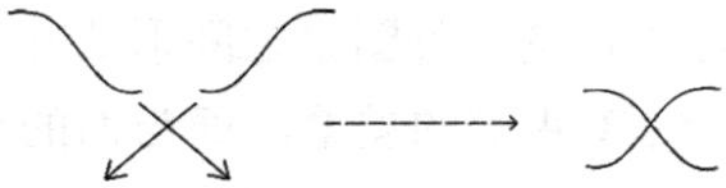
放射	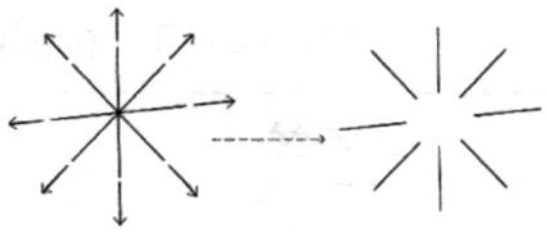

四、队形构图的组合

在大型文体表演构图过程中，存在着线与线、线与面、面与面的基本组合形式，形成了构图组合的基本方式和构图组合的变化规律。

（一）构图组合的基本方式

1. 并　列

并列的组合方式是指各图素之间保持一定距离的平行关系进行组合排列。可形成线与线、线与面、面与面的并列组合。

2. 相　遇

相遇的组合方式是指各图素之间形成相连、相逢、相并的关系进行组合排列，有点遇和线遇两种具体样式。可形成点与线、面与线、面与面的相遇组合。

3. 相　套

相套的组合方式是指各图素之间形成套与被套的关系进行组合排列。有连套和空套两种具体样式，只可形成线与面、面与面的相套组合，不能形成线与线的相套关系。

4. 联　合

联合的组合方式是指各图素之间形成相插的组合排列关系。根据相插的程度，可有 1/2、1/3、1/4 等的联合。可形成线与面、面与面的联合组合。

5. 差　叠

差叠的组合方式是指各图素之间形成相叠的组合排列关系。根据相叠的程度，可分为 1/2、1/3、1/4 等的差叠。面与面的差叠最常用到，也最具典型性。

表 5－2－3　构图组合基本方式图示表

基本方式	线与线	线与面	面与面
并列		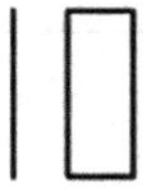	
相遇		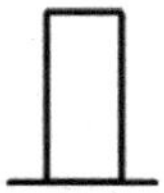	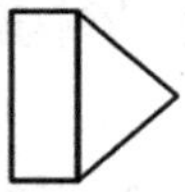
相套		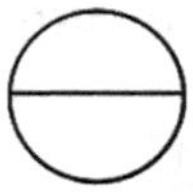	
联合		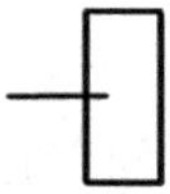	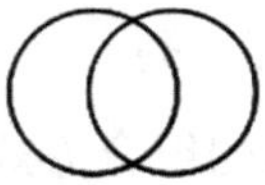
差叠			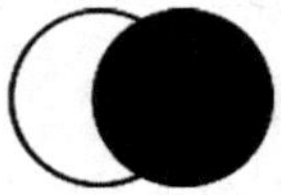

（二）构图组合的变化规律

在构图组合的变化中，每组图素可按垂直、水平、斜角的方向进行排列，通过有规律的变化，可产生新的艺术效果。下面例举一些常用的变化规律。

1. 排　列

排列是指数个图素按一定间隔或距离反复呈现构成的画面，一般是以组的方式进行排列。

2. 连　续

连续是指数个图素不间断反复连接呈现构成的画面，一般是以组的方式进行连续。

3. 渐　变

渐变是指图素以某基准点向某方向逐渐地扩大或缩小而产生的画面。

4. 错　位

错位是指完整图素中的部分图素在跨越另一个空间时，错开原有的位置（不超过倍以上）而产生的画面。可以分为1/2、1/3、1/4等不同程度的错位。

5. 转　动

转动是指图素或部分图素自转不同角度而产生的画面。

表5－2－4　构图组合变化规律图示表

规律		垂直	水平	斜角
排列	线			
	面			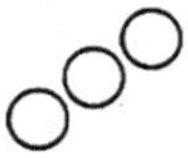
连续	线			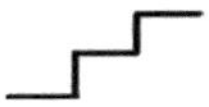

续表

规律		垂直	水平	斜角
	面			
渐变	线			
	面		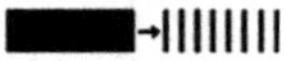	
错位	线			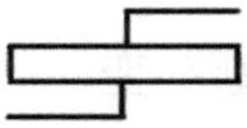
	面			
转动	线			
	面			

五、队形构图的变化

我们把从某种构图移向另一种构图称作构图变化。构图的变化是改变演员原有位置的相互关系，有时也变化构图的形状。

（一）构图变化的基本形式

1. 从某种构图直接转向下一个构图

以某种构图为基础，在尽可能不破坏大部分演员之间相互关系的情况下就近移动形成下一个构图。

2. 构图一下解体，变成下一种构图

前一个构图一下解体，演员直接移动到下一个队形自己的位置点上，形成新的构图。

3. 边进行构图的移动，边进行变化

在上一个构图的基础上，一边按照一定的移动线有规律的移动，同时通过移动自然地形成新的构图。

表 5－2－5　构图变化基本形式图示表

基本形式	构图变化图示
从某种构图直接转向下一个构图	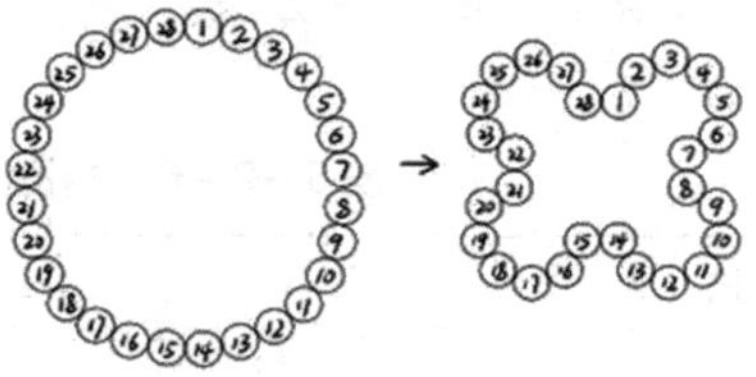
构图一下解体，变成下一种构图	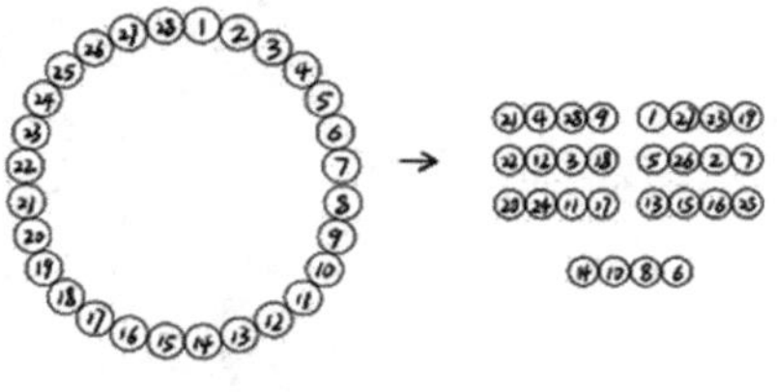
边进行构图的移动，边进行变化	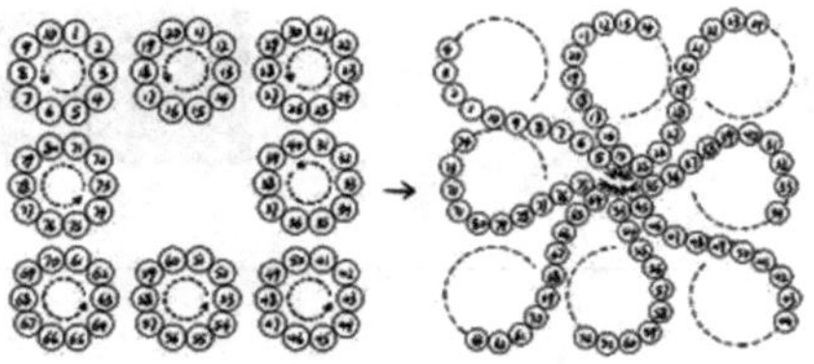

（二）构图变化的基本方法

大型文体表演中每个画面的变化自始至终都是有机地贯穿而成的。在设计时，应根据构图变化需要分析每个区域的图素排列情况，再设计整体构图变化方案。

1．合并法

是将各种分散的图素变成相对集中的整体图案的一种方法。

2．分散法

是由集中的整体构图变成若干个小图素或组合队形的一种方法。

3．分段法

是把一个长的单行、单排或者多行、多排的直线队形，分成若干个小段进行变化的一种方法。

4．分区法

是根据后一个表演队形的构图需要，将前一个队形分成若干区域，然后在各区域中进行变化队形的一种方法。

表 5－2－6　构图变化基本方法图示表

基本方法	构图变化图示
合并法	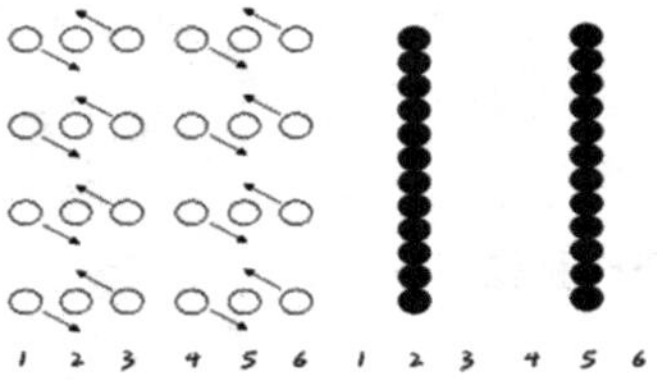
分散法	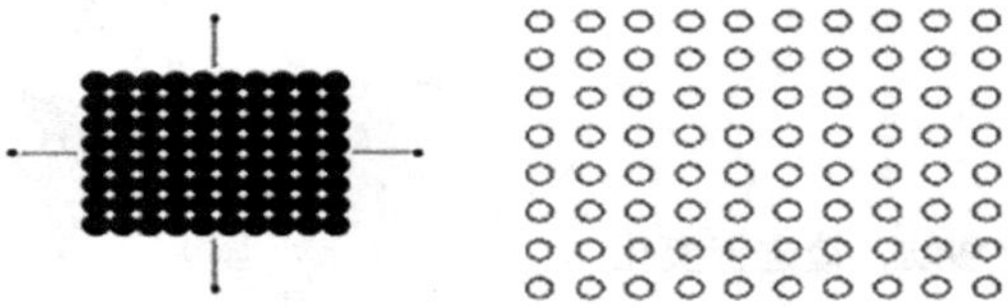

续表

基本方法	构图变化图示
分段法	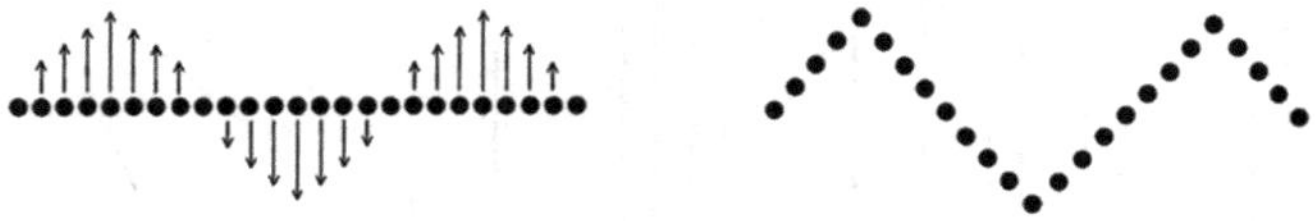
分区法	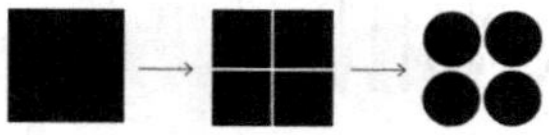

第三节　常用队形构图设计示例

一、入场队形

入场队形是指演员进入表演场地所组成的队形，是大型文体表演的重要组成部分。一个设计新颖、引人入胜的入场能给观众留下极好印象，使之渴望看到接下来的表演。风格各异的入场也能将观众迅速带入不同表演意境中去。入场队形可由纵行、密集方队、几何图形或特定图案等队形组成。入场前可将预备队形安排在主席台对面、两侧或四周，也可采取从体育场入口进入的方式，还可采用从观众看台上进入的方式。入场方向与队形要根据表演需要和场地提供的条件来安排。入场时可以采用同时进入，也可以采用依次或交替等方式进入，还可以一边变队形一边进入，根据表演需要亦可分几次进入。入场后可站成散点队形、大横排、纵行，也可直接组成综合队形或图案。

（一）按表演场地的面入场

一般可分为主席台同面、主席台对面、主席台左侧、主席台右侧四个基本面。可选用从主席台对面同时进入，从主席台同面一侧进入，从主席台两侧同时进入，从主席台两侧依次进入，从主席台三面进入，从主席台四面进入等。

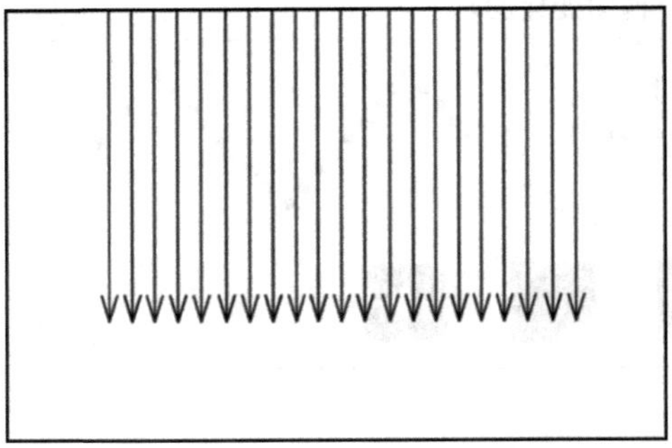

图 5－3－1　主席台对面同时进入①

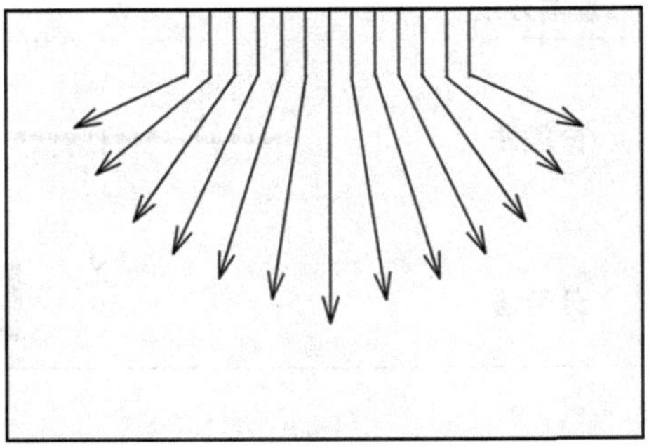

图 5－3－2　主席台对面同时进入②

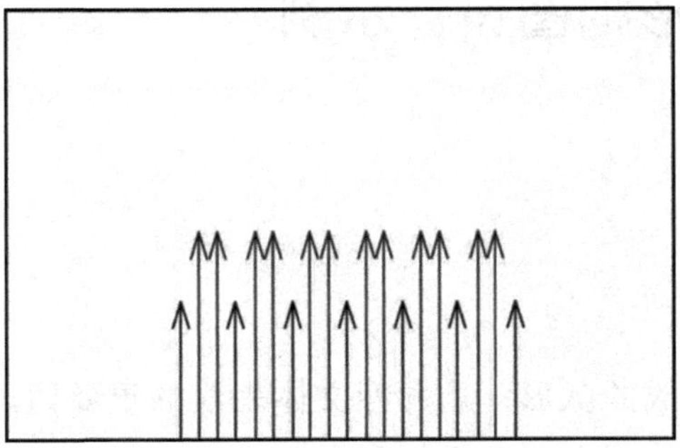

图 5－3－3　主席台同面一侧进入

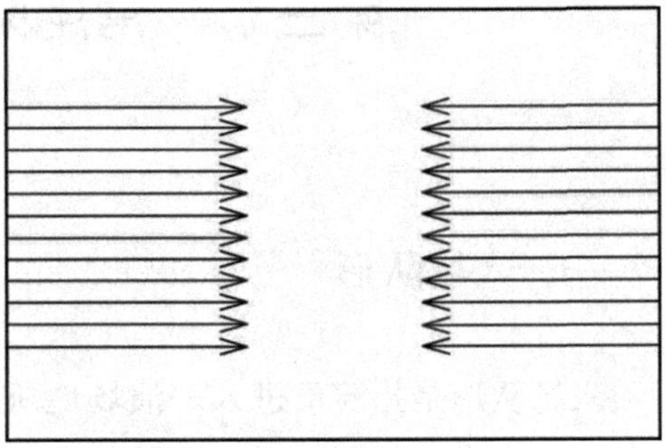

图 5－3－4　主席台两侧同时进入

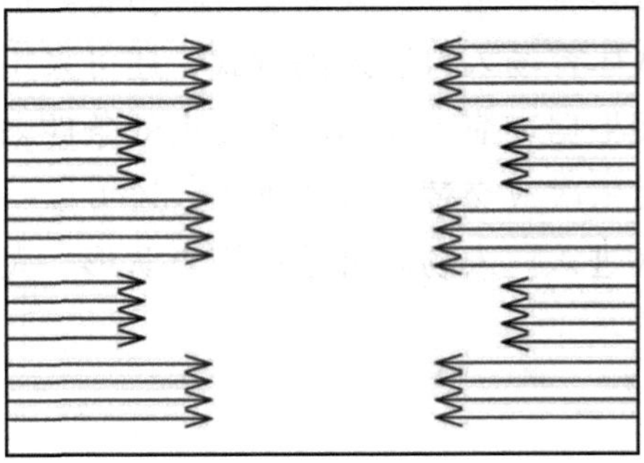

图 5－3－5　主席台两侧依次进入

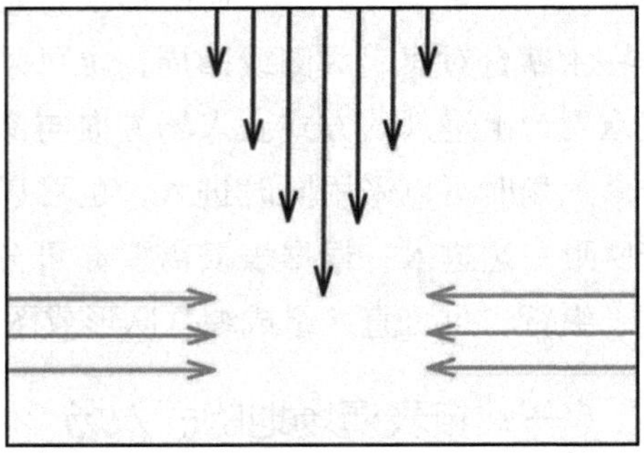

图 5－3－6　主席台三面进入

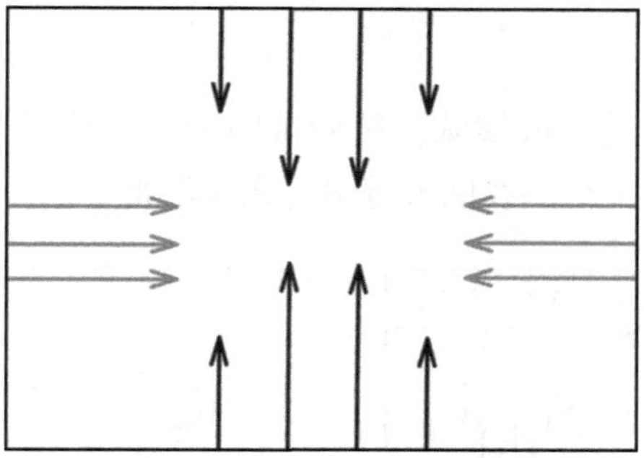

图 5-3-7　主席台四面进入

（二）按表演场地角划分

可选用单角进入，双角进入，四角进入。

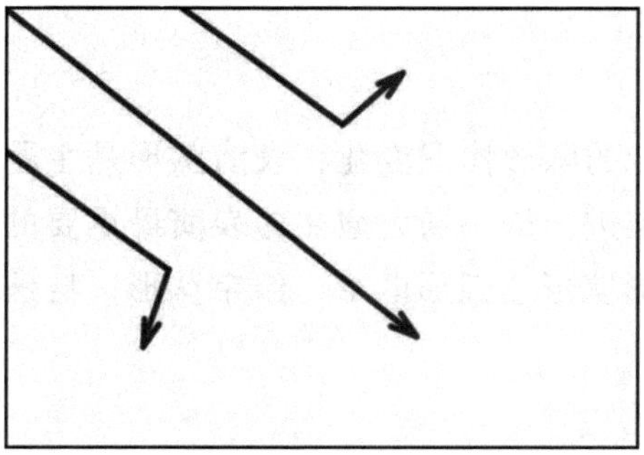

图 5-3-8　单角进入

图 5-3-9　双角进入

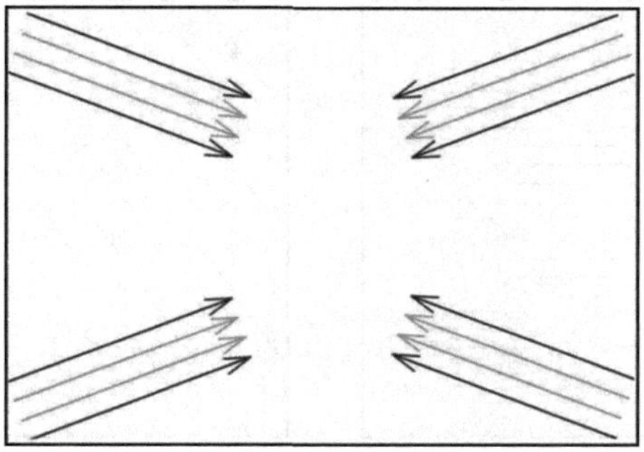

图 5-3-10　四角进入

（三）综合形入场

可设计成先从两侧进入成横队，然后再向前散开成散点；从主席台对面一侧入场，入场后再组成若干个涡线队形等多种入场队形。

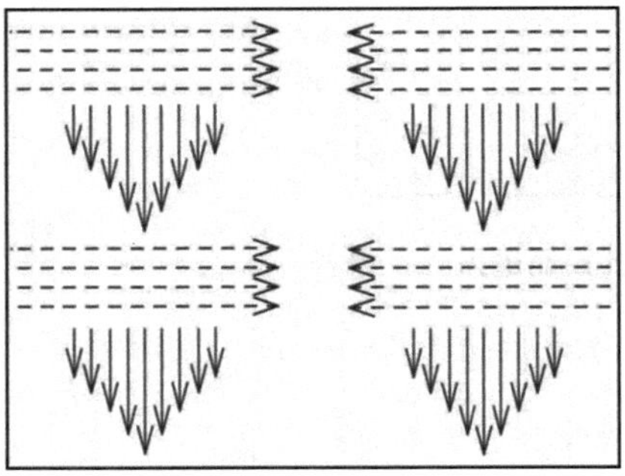

图 5－3－11　综合形入场①

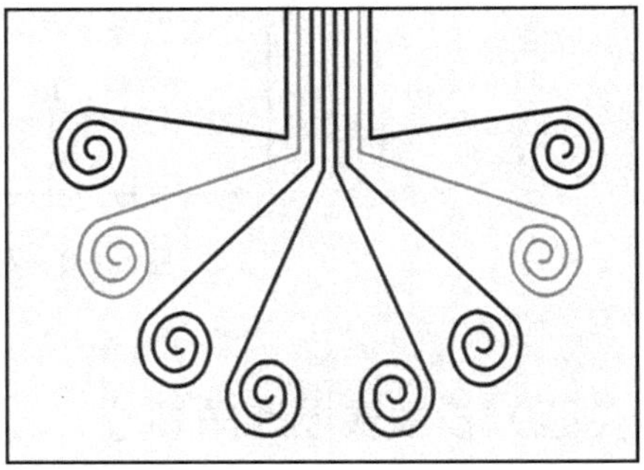

图 5－3－12　综合形入场②

二、表演队形

表演队形是表演者进入表演空间后进行的队形构图变化，表演队形是主题思想的集中体现，是主要表演内容的呈现与推进，是一场大型文体表演最重要的表演部分。表演队形主要分为线性队形、角形队形、圆形队形、组字队形、特殊图案队形和综合队形几大类。

（一）线性队形

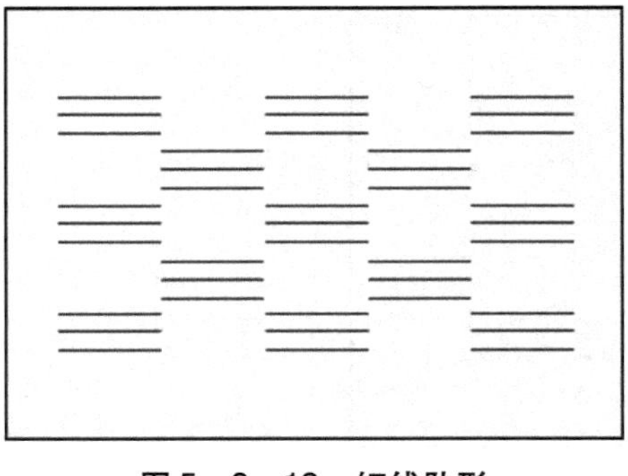

图 5－3－13　短线队形

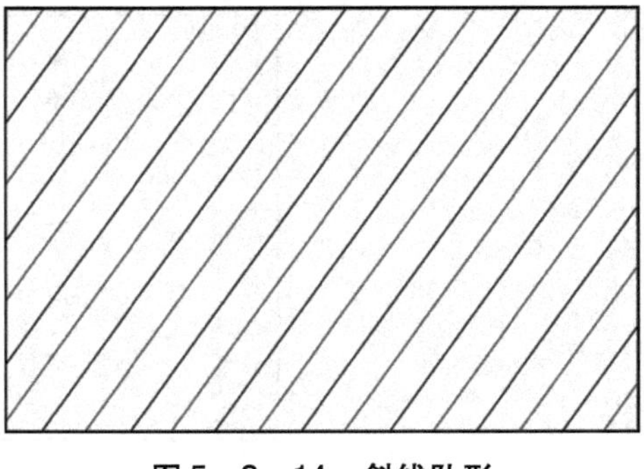

图 5－3－14　斜线队形

图 5－3－15　折线队形

（二）角形队形

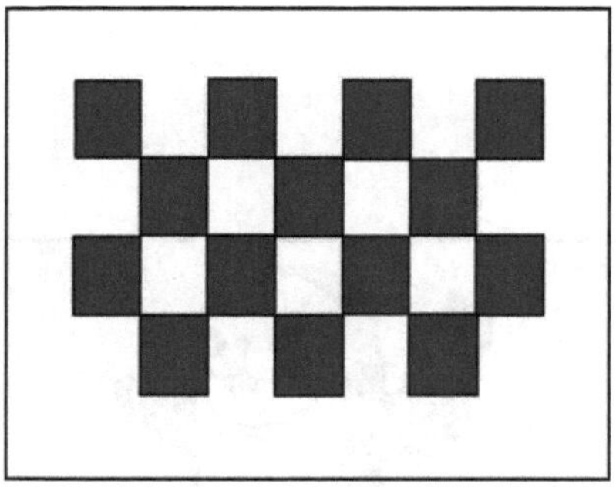

图 5－3－16　实心方块队形

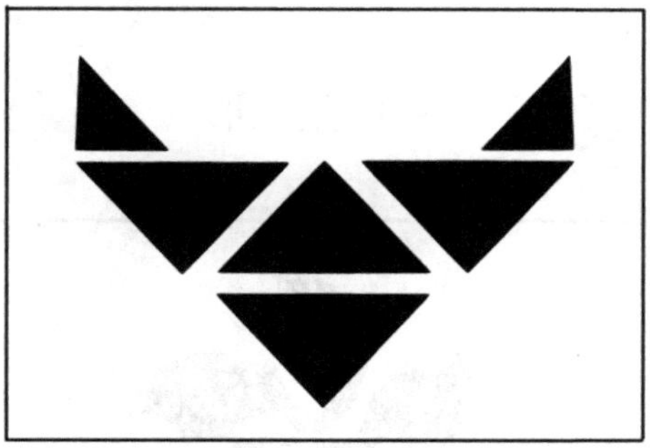

图 5－3－17　实心三角队形

（三）圆形队形

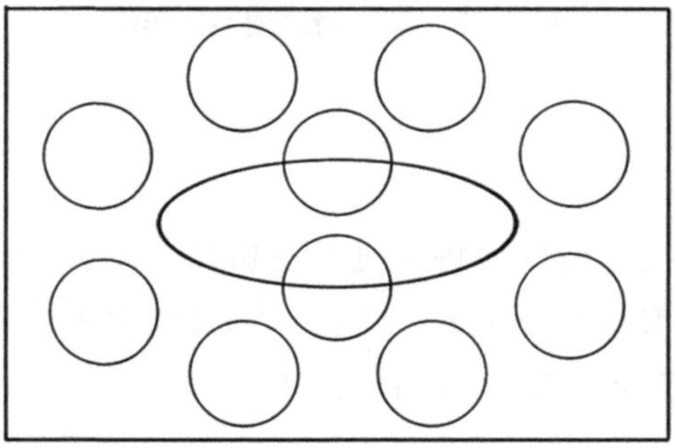

图 5－3－18　圆形队形①

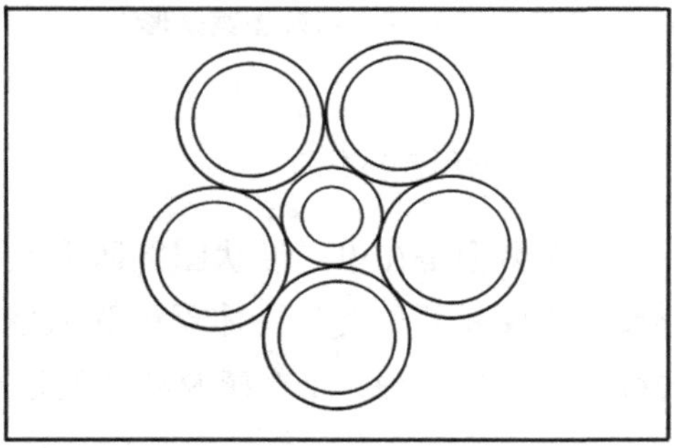

图 5－3－19　圆形队形②

（四）组字队形

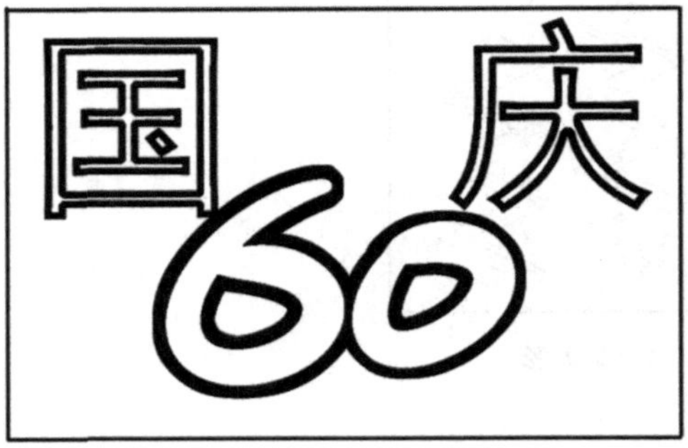

图 5－3－20　组字队形①

图 5－3－21　组字队形②

（五）特殊图案队形

图 5－3－22　特殊图案队形①

图 5－3－23　特殊图案队形②

（六）综合队形

综合队形是在单一形状图案队形基础上创造性地将其进行有机结合。综合队形设计既要新颖独特又要体现民族风格还要具有高度的艺术性。综合队形可分为对称及不对称两种，平衡感及和谐度是衡量综合队形设计质量的标准。

1. 对称型综合队形

对称型综合队形是指在表演场地左、右或上、下空间的队形相同。这种队形易产生平衡感，在进行队形变化时将组或基本单位左、右、上、下均衡地有机分配及组合即可形成。

图 5－3－24　绝对对称综合队形

图 5－3－25　相对对称综合队形

2. 非对称型综合队形

非对称型综合队形是指在表演场地左、右、上、下的空间队形不同。这种队形不易产生平衡感。但如果能产生平衡感和对称型综合队形相比更具新颖性、独特性及艺术性。

图 5－3－26　非对称队形①

图 5－3－27　非对称队形②

三、退场队形

退场队形是指表演结束时的退出队形，退场队形要组织得自然有条理，并且快速简捷。一般是在分场表演最后一个队形基础上迅速成密集纵队、横队或方队等队形，整齐快速退出场外。也可在表演结束图案的基础上，一边退场一边组织队伍结束表演。退场队形设计是否精彩影响观众对一场表演好坏的最终评价。因此，退场队形必须严谨、整齐，队员精神饱满，而又能与观众产生互动，退场时不仅要整齐还要注意快速并为下一场表演入场创造有利条件，使各场次之间衔接紧凑。退场时需根据表演场地特点，向前、向两侧或向四角退出。还可采用保持图案形状不变的退出方式。在退出时一般很少背对主席台向后退出。在保持图案退出时，要注意图案方向，如各种旗帜、火炬等都有方向要求，不能随意安排。

（一）密集退出

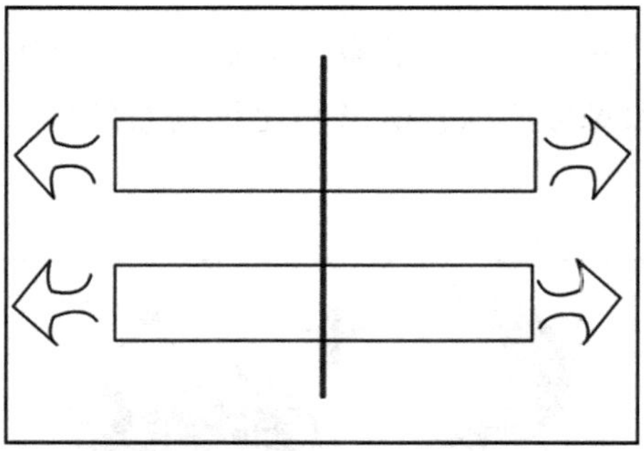

图 5－3－28　密集后向两侧退出

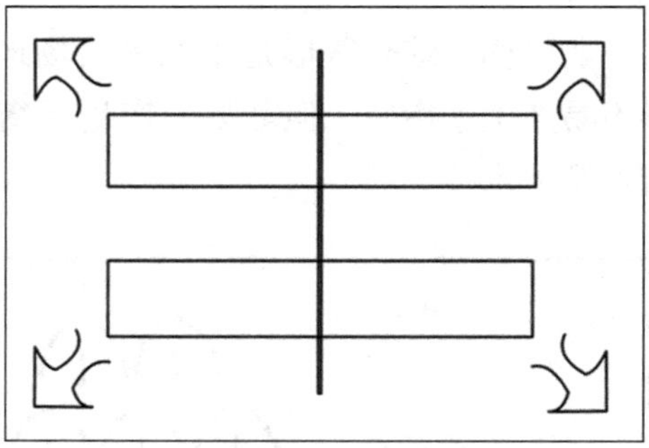

图 5－3－29　密集后向四角退出

（二）保持图案退出

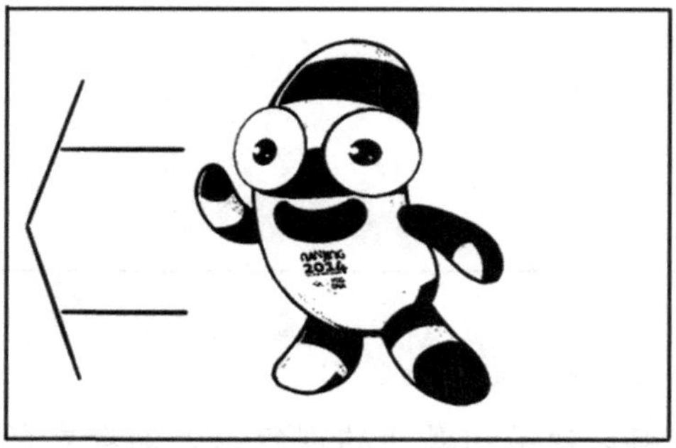

图 5－3－30　保持图案向一侧退出①

图 5－3－31　保持图案向一侧退出②

思考题

1. 什么是表演空间？
2. 什么是图素？
3. 简述表演空间的三种类型。
4. 简述空间调度的概念与作用。
5. 简述图素分为几种类型。
6. 队形构图的移动方式有哪几种？
7. 构图组合的基本方式有哪些？构图组合变化的规律有哪些？
8. 构图变化的基本形式有哪些？构图变化的基本方法有哪些？

第六章
辅助艺术形式

在自然界和艺术领域中，各门类之间相互联系和融通的现象是普遍存在的。因为从发展的角度来看，有一些现在作为独立门类的艺术形式原本是结合在一起的。例如在原始社会和我国古代，音乐、舞蹈与诗歌就是“三位一体”的结合体，称之为“乐舞”。

在今天，大型文体表演也不是孤立存在的，它是一项融合体育、艺术、科技等表演手段为一体综合性的大型表演形式，通过对音乐、服装、道具、场景、灯光和各种高科技手段等辅助艺术形式的巧妙运用，构成完整的艺术效果。

第一节　大型文体表演音乐创作

大型文体表演音乐创作，不是作曲家乐思和感情的自我抒发，而是要实现表演作品的艺术构想，在把握表演主题思想、结构段落、内容风格与特点的基础上，根据大型文体表演音乐表演的特点进行创作。音乐不仅能起到点明大型文体表演主题、渲染表演气氛、使观众获得视觉和听觉统一的作用，还能使所有表演者连成一个整体，按照一定的节奏整齐有序地完成动作和构图变化。

一、音乐表演形式的分类

在大型文体表演中本身就包含音乐部分的表演。根据具体表演形式的不同可分为：器乐演奏和声乐演唱两大类。器乐演奏可分为独奏、重奏、合奏、协奏等形式。声乐演唱分为独唱、合唱、重唱等等。在大型文体表演中，经常会编排一些舞蹈或流动的画面配合音乐表演共同演出，形成了音乐舞蹈诗、歌舞表演、诗舞音画等多种表演形式，这类表演形式能够起到更好地表达音乐的思想内涵、烘托现场气氛、丰富观众的视觉想象力等作用。

二、音乐编创方法的选择

大型文体表演的音乐编创方法主要有两种：一种是“作曲”，即请音乐专业作曲人员根据表演主题或分场中心思想的设计思路和要求进行编制或创作。另一种是“编曲”，即选择现成的乐曲结合表演的内容和动作以及时间等因素进行剪接合成制作。

大型文体表演音乐编创方法的选择主要取决于经费、时间、人员等因素，一般来说在经费充足、时间充裕、能找到相关作曲制作人员的情况下会选择专门“作曲”的方法，如果经费少、时间短、没有相关作曲人员的情况下建议选择“编曲”的方法。

（一）作 曲

作曲也就是为大型文体表演设计原创音乐，根据表演的主题、结构、内容、情绪、氛围和各场次之间的逻辑关系创作表演音乐。作曲创作工作程序如下：

1. 深入了解并把握创作主题思想

创作主题思想的把握对大型文体表演音乐创作来说是至关重要的，主要是对表演目的、表演性质、表演规模、表演主题、表演时间、表演对象、表演形式、表演内容、表演设备以及其他与表演相关内容的了解，掌握了这些，作曲才能有的放矢。

2. 进行“艺术创作采风”

所谓进行艺术创作采风是指针对某一表演内容所要实现的特定表现风格，去实地进行创作素材收集。通过采风，了解民族特性、风土人情、生活方式、文化特征、审美特性、风俗习惯、宗教信仰、情感表达方式等。目的在于激发创作灵感，积累创作元素，更重要的是收集并提取适合一定大型文体表演主题、内容、风格、形式的音乐元素开展进一步的创作。

3. 主题音乐设计

进行主题音乐设计是作曲工作中非常重要的环节，应在某一表演主题下进行，可对展现表演主题起到画龙点睛、烘托气氛的作用。所谓主题音乐设计，也就是将某个动机或旋律式音乐作为整个大型文体表演音乐的核心，全部表演音乐篇章的创作都是根据这个核心音乐元素生发、展开、变化而成的。伴随着表演内容、表演场景的变化与推进，主题音乐将会以原形或原形的变化发展多次再现，并与其他表演元素相结合，形成立体、壮观的时空画面，将某一大型文体表演的主题思想、艺术意境、情感氛围充分地展现出来。

4. 音乐结构设计

主题音乐设计完成后，进入音乐结构设计环节。可根据表演主题思想，主要表演构图、情绪、氛围，以及表演的具体形式和场次结构，采用不同的创作技法，科学地进行音乐结构设计，将主题动机有序地展开。

5. 协调沟通

音乐结构设计已经成型，各个部分已有明确目的性且音乐小样已经制成，这时需与其他创作组协调沟通，验证各自在创作时所采用的艺术表现手段与表演主题所期望达到的表演意境是否吻合。进一步理解主题思想内涵，探索更贴切、更适合的艺术表现元素，在艺术设想上达成共识。

6. 修改完善

通过沟通协调与试排，产生新的艺术灵感，进一步将音乐结构和音乐细节进行修改，使其更完善、更合理。

（二）编　曲

所谓编曲，就是将已经制作好或出版的音乐曲目依据大型文体表演的主题以及表演对象、表演内容实际需要，借助计算机音频制作软件进行整合、编辑制作。编曲创作可分三步进行，即：创编素材采集、整合和编辑。

1. 编创素材采集

编创素材采集，就是以大型文体表演主题、表演对象年龄性别、表演风格、表演形象与情绪、表演规模、表演地点、音响设备等为依据，进行音乐编创素材采集。

（1）表演主题

依据表演主题进行大型文体表演音乐素材的采集。其中有总表演主题，还有分场的表演主题。

（2）表演对象年龄、性别

依据表演对象年龄、性别进行大型文体表演音乐素材的采集。如儿童、少年、青年、中老年表演者，男演员、女演员、男女混搭表演等。

（3）表演风格

依据表演风格进行大型文体表演音乐素材的采集。如：民族风格、现代风格、古典风格、流行风格等。

（4）表演形象与情绪

依据大型文体表演中具体的艺术形象和情绪情感进行表演音乐素材的采集。如：小溪、江河、大海、高山、白云、小草、机械运动等艺术形象，和欢快的、抒情的、优美的、强悍的、急促的、流畅的、积极向上的、欣欣向荣的情绪情感等。

（5）表演规模

依据文体表演的表演规模进行音乐素材的采集。如：1000 人、500 人、200 人、100 人等。

（6）表演地点、音响设备

依据表演地点、音响设备进行大型文体表演音乐素材收集。如：室内、室外、高级音响设备、一般音响设备等。

2. 编创素材整合

编创素材整合，就是以大型文体表演内容结构、段落表演内容拍节数、表演内容有无特殊效果、特殊效果位置与次数等为依据，将采集到的音乐编创素材进行设计整合。

（1）表演内容结构

依据大型文体表演内容与结构框架整合设计音乐结构，主要按照分幕分场结构来整合创编素材。

（2）段落表演内容拍节数

依据每个表演段落内容拍节数整合设计音乐小节数。如：64 小节、72 小节、128 小节、256 小节等。

（3）表演内容有无特殊效果以及特殊效果的位置与次数

依据大型文体表演内容所需特殊效果的样式和位置与次数整合设计音效。如：海浪声、鸟叫声、风声、雨声、雷声、哭声、笑声、枪炮声、爆炸声等特殊音效，再选择设计特效使用的位置与次数，如：在第 128 小节结尾处（一次）、在 256 小节开始处（两次）等。

3. 编创素材编辑

创编素材编辑，就是将采集到的音乐创编素材结合表演内容实际需要进行整合设计后，借助计算机音频制作软件再度创作。在编曲创作中，进行音乐创编素材编辑是很重要的工作环节，其设计、改编、再度创作质量可直接影响表演效果。工作中需抓住再度创作重点，精心设计，还应与编创者达成共识后再进行工作。进行编辑创作，主要围绕以下几点进行：

（1）改编音乐速度

对音乐速度进行改编，也就是将采集、设计整合后的音乐速度进行调整，使其适合主题思想与表演内容的体现，符合表演者表演的节奏与速度。

（2）改编音乐调式

对音乐调式进行改编就是将采集、设计整合后的音乐调式进行调整，调整需结合表演内容结构、段落设计实际情况而进行，调整后使其段落衔接更具自然与流畅性。

（3）改编音乐曲式

所谓对音乐曲式进行改编，就是将采集、设计整合后的音乐曲式进行调整。调整需结合表演内容情节变化、发展实际需要而进行，调整后使其能衬托表演内容展现，更具层次感。

（4）改编音量和音色

对音乐音量和音色进行改编，就是将采集、设计整合后的音乐音量和音色进行调整。调整需结合表演内容在气氛方面体现实际需要而进行，调整后使其在时、空展现方面以及表现力方面更具特色。

（5）添加音效和录制人声

添加音效和录制人声，就是将采集、设计整合后的音乐添加音效和录制人声。需结合表演主题以及表演内容实际需要而进行添加，目的在于点明表演主题，更好地提高表演艺术效果。

三、常用音乐曲式结构类型

（一）二部曲式

以一个或两个主题乐思或动机为基础。图解为 A + B，B 部分和 A 部分并不一定一样长短，并且是以对比的形式出现。这种对比是通过和声、节奏、动机的展开来进行的。

（二）三部曲式

具体表现为：呈现一个乐思，再呈现一个对比材料离开它，然后又回到原先的乐思。

三部曲式图解为 A + B + A。三部曲式是一种既统一又多样的结构，它经常被用来表现人们的内心感受和富于哲理性的思考。

（三）复三部曲式

复三部曲式是扩大了的三部曲式，图解为：

1. A（三部曲式）+B（二部曲式/乐段）+A1（重复 A）
2. A（二部曲式）+B（乐段/三部曲式）+A1（重复 A）
3. A（乐段）+B（二部曲式/三部曲式）+A1（重复 A）

（四）奏鸣曲式

奏鸣曲式是表现戏剧性和感情发展的曲式。它分三部分：呈示部、展开部、再现部。一般在呈示部前面加一个引子，再现部之后附一个结束部。它与戏剧式的起、承、转、合的结构很相似。

奏鸣曲式图解如下：（引子）——呈示部——展开部——再现部——（结束部）

呈示部包括主部、副部、尾声。展开部将呈示部主题用各种手法展开，并形成高潮。再现部是再现呈示部，对呈示部的主部和副部的主题稍加变化，最后结束。

（五）变奏式

变奏曲式是先陈述一个主题段落，然后运用各种手法将主题进行变化，其目的是通过各种变奏变化使主题得到多种发挥。这种变奏式的变化不受任何束缚，它可以任意发展变化。

图解为：A + A1 + A2 + A3 + A4

（六）交响曲乐章式结构

交响曲是一个大型管弦乐套曲，它的结构方式分为四个乐章：

第一乐章，快板，用奏鸣曲式写成。主要用来表现戏剧性和富于感情的情调。

第二乐章，慢板，常用复三部曲式或变奏曲式写成。曲调舒缓，音乐优美，是交响乐的抒情部分。

第三乐章，中板（稍快），常采用小步舞曲或诙谐曲。小步舞曲流畅、华美，诙谐曲活泼、风趣，容易在曲式中形成鲜明的强弱对比。

第四乐章，急板，即终曲，多采用奏鸣曲式或回旋曲式写成。

交响乐的四个乐章是由相对独立又具有内在联系的四个有机部分组成。

（七）回旋曲式

回旋曲式是由主部和插部交替出现的曲式。

回旋曲乐章的图解为：

1. ABABA
2. ABACA
3. ABACABA

A 为主题，它始终处在主调性，用不是主调的其他调性作为对比部分隔开，也就是 B 和 C 的部分，我们称为插部或离题，开头和末尾都是主题 A。交响乐中的回旋曲常被用在表现人们欢快情绪和载歌载舞的场面中。

四、表演音乐与表演动作的关系

音乐与动作的关系不能简单化为仅仅是在时间范畴内的简单粘贴。在大型文艺表演的编排中，对音乐的运用要考虑到音乐的普遍规律。在编排的过程中可以用多种方法处理动作与音乐的关系：

（一）演绎式

认真地倾听音乐，领悟音乐的内涵，根据音乐的情绪、旋律，创作出优美而流畅的动作和队形。

（二）对话式

在编排中专门给音乐留出一个位置，一段空间，让音乐单独表现，感觉像是音乐与动作或画面对话似的。

（三）无视式

在编排及表演的过程中，不考虑音乐，让音乐独自进行，和动作画面同时存在。

（四）对抗式

在编排的过程中，创造一种对抗的表现手法，让动作节奏和音乐节奏、动作力度和音乐力度等方面产生一种对比和对抗。例如，运用“紧拉慢唱”或“慢拉紧唱”的表现手法，这种视听不同步的处理手法，在作品中可以起到不同凡响的效果。

（五）无伴奏式

无伴奏表演，不等于没有声音，是由表演者自己创造一种音响效果。由于无伴奏能够产生各种可能性，它体现了动作的独立性。部分的无伴奏可以运用口哨声、拍手声、击打声、脚踩地声、呻吟声、呐喊声等声音创造出一种节奏。

五、表演音乐的功能

（一）指挥信号

大型文体表演由于参加人数众多，在表演时需要依据统一的指挥信号来进行动作与队形构图的变化，以达到动作的整齐划一、队形的变化有序。最初的指挥方式是用口令和哨音，随着文体表演活动的不断发展，各种器乐、声乐等类型的音乐作为新的伴奏形式已完全代替了口令、哨音的指挥功能。在创作与选择大型文体表演音乐时，应考虑到表演者的动作水平、动作速度、移动速度和表演主题与表演内容，总体特点应为气势宏伟、旋律鲜明，节奏清晰、稳定，速度不宜过快。

（二）寓意表达

大型文体表演音乐主要凭借它适宜人体动作与主题内容的旋律和节奏，营造一种艺术意境，表达语言无法表达的寓意，是动作语言与画面构图的有益补充。音乐和动作队形共同担负着表现思想内容、刻画人物形象、渲染环境气氛的任务。

（三）情感激发

音乐不仅能给人体动作以节奏和速度，也能给人体动作以情感提示。在以人体动作为主要表现手段的大型文体表演中，音乐虽起着辅助的作用，但它却能够激发蕴藏在表演者身体内的表演激情和表演潜能。音乐还能唤起观众对表演内容和表演氛围的想象与共鸣，达到最佳的欣赏效果。

六、动作编创与音乐的配合方式

大型文体表演动作编创与音乐的配合方式主要有三种情况：

（一）先创作或选择好音乐后编创动作

第一种情况是先按照策划书和导演的构想创作好音乐或选择现成的音乐和编配剪接好的音乐，然后再根据音乐的旋律、情绪、节奏、长度等要求编创表演动作。

（二）先编创动作后创作或选择音乐

第二种情况是在选定策划方案的基础上，先将表演的队形和动作编出来，然后根据表演的段落、表演的情绪要求以及表演的长度等去选择音乐或者请作曲家来创作音乐。

（三）动作编创与音乐编创同时进行

第三种情况是表演动作的编创工作和音乐的创作同步进行。在具体工作的开展中，有的部分根据策划方案和动作编创要求先创作音乐，然后再编排动作；有的部分可先编创动作，然后再配音乐，两者密切配合，共同完成编创任务。这种形式在大型文体表演中经常被采用，并且取得了良好的效果。

第二节 大型文体表演服装设计

服装作为大型文体表演艺术形象构成的重要组成部分，是审美的物质延伸。通过服装可以表现大型文体表演的主题，渲染气氛，增强艺术表现力。有些服装还可以兼任道具，夸张和放大艺术形象。通过服装的变化，可以变换表演的色彩、情绪和氛围，增强队形图案或动作的层次感和表演效果。

一、常用表演服装种类

舞蹈服装、体育服装和各类演出服装经常被用于大型文体表演中，由于我国是一个多民族国家，多姿多彩的民族服装也经常会用到大型文体表演中，更增添了多元的民族文化色彩。大型文体表演常用服装主要可以归纳为如下几种：

（一）运动服装

包括体操服、健美操服、艺术体操服、武术服、马术服、一般性运动服、专项运动服和体育休闲服装等（图 6－2－1）。

（二）舞蹈服装

古典舞服装、芭蕾舞服装、现代舞服装、民族舞服装、流行舞服装和体育舞蹈服装等（图 6－2－1）。

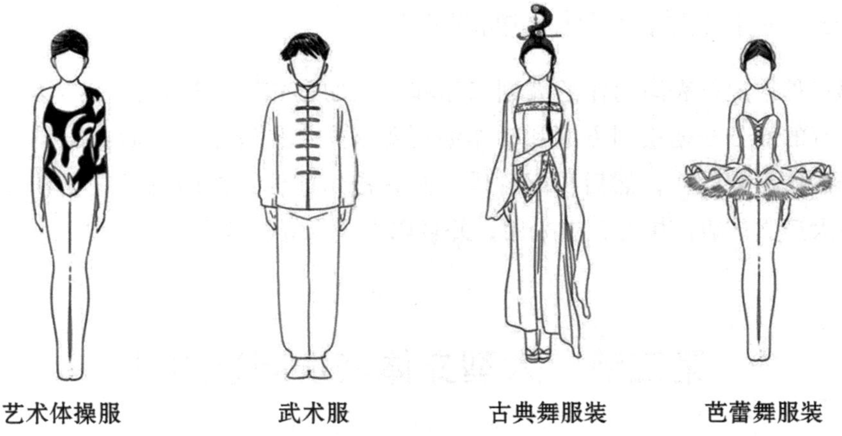

图 6－2－1　舞蹈服装

（三）戏剧服装

舞台生活服装、杂技服装、戏曲服装、民间技艺服装和时装表演服装等（图 6－2－2）。

（四）职业服装

工人服装、农民服装、军人服装、学生服装和各种行业服装等（图 6－2－2）。

戏曲服装　　时装表演服装　　学生服装　　医生服装

图6－2－2　戏剧服装、职业服装

（五）仿生服装

仿花卉服装、仿植物服装、仿动物服装和仿自然景物服装等（图6－2－3）。

仿花卉服装　　仿动物服装

图6－2－3　仿生服装

（六）超现实服装

太空服、科幻服、机器人服、图腾装、鬼怪服和兵马俑服等（图 6－2－4）。

太空服

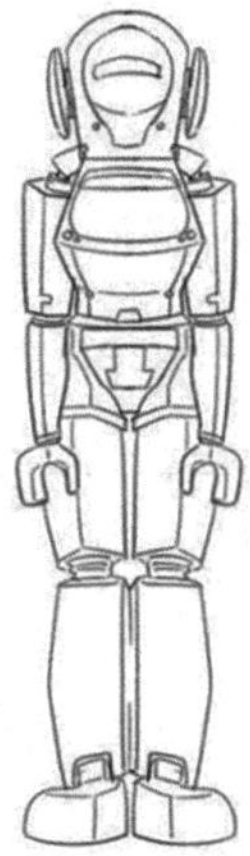

机器人服

图 6－2－4　超现实服装

二、表演服装的选择标准

大型文体表演在其艺术特征的呈现中对服装有些特殊要求，即我们所说的服装选择标准。根据表演的不同需要，服装的要求也不同，因此服装选择的标准也不同。以下是一些大型文体表演通用的服装选择标准：

（一）展示形体美

服装对于表演者而言要有助于展示表演者的形体美。我们在生活中常常通过服装来掩饰形体上的有些不足，凸显具有优势部分，使我们的形体外表看上去更加协调优美。在大型文体表演中，我们对形体美的追求常常通过服装和动作来体现。服装对于形体美的展示，一定要与表演主题和艺术形象的定位结合起来考虑。当表演艺术形象是人物的时候，服装要起到突出人物个性、美化人物形体的作用；

当表演艺术形象是动物或自然物的时候，服装要起到将演员转化为物的形态，起到修饰物的形态的作用。

（二）展示动作美

适应表演动作的开展，是大型文体表演服装选择的一项重要原则。动作是大型文体表演的主要表现手段，服装的选择一定要最大限度地突出动作的造型感、质感和美感。不管服装如何漂亮、时髦，一旦束缚了动作、妨碍了动作表现、破坏了动作美感，都是不可取的。这不仅要在设计和裁剪上做文章，还要考虑到服装面料的质地，使演员能做各种幅度的动作，而不用担心衣服绊着手脚。此外，服装还能拓展身体在空间的运动范围，有时还可充当道具，不仅能成为表演动作的空间延伸，还可以夸大动作的表现幅度、增强动作的表现力，也可以带来表演技术和形式的变化与发展，构成新的表演动作，形成新的动态审美意向。

三、设计表演服装应注意的问题

大型文体表演服装的设计既要考虑到是否有利于演员完成动作、展现形体姿态美，又要考虑到款式、色彩、图案等方面是否有利于表现艺术形象、突出主题、增强表演艺术效果的需要。为了使大型文体表演服装运用达到最佳效果，在设计与制作过程中应注意以下问题。

（一）时代性

服装的设计要根据大型文体表演具体场次的风格和特点、表演者的性别与年龄特征，并符合中心思想的要求，使其具有鲜明的代表性和时代感。

（二）注重表演效果

由于大型文体表演一般都在大的表演场馆进行，所以设计服装时要注重大效果、远效果，以大色块为主，力求色彩鲜艳，穿脱方便简洁，便于完成表演动作。

（三）协调性

服装色调要与表演场地、周围环境、道具、背景以及灯光色彩相互衬托，颜色要鲜艳、协调，对比性要强。

（四）多功能性

设计大型文体表演服装时要注意其功能的开发利用。服装既是服饰，又可以巧妙地当作道具来使用，如里外不同颜色的大披肩、裙子，在某些队形上表演者以此为服装进行表演，瞬间又可以展开在表演场地组成美丽的图案。

（五）节约原则

大型文体表演服装的设计与创作要注意节约的原则，因为每个表演的节目都是由众多的表演者组成，即使是小规模的也有几十到上百人。所以在设计与制作表演服装时，在充分考虑表演效果的前提下，还要注意节约。在大批量制作或定购服装之前，一定要做好样衣的审查与测试工作。

第三节　大型文体表演道具设计

道具是在文体表演中所用的饰物和器械，是文体表演中美工制作和科技手段的结合体。舞台上所用的道具是对生活中的饰物、器械和工具的美化和艺术加工。大型文体表演中道具的使用，不仅可以有助于表演主题和风格的体现，还可以起到丰富表演内容，扩大表演效果，增加表演艺术魅力的作用。对道具的使用体现在编导所设计的演员与这些物品的接触形式上。道具本身并不具备任何含义和情感内涵，但通过演员对它们的运用，能对舞台整体气氛的营造和加强作品的表现力起到很突出的作用。道具的选择与使用是大型文体表演编创中重要的内容，有时一场大型文体表演的创新之处或点睛之处恰恰就是新颖道具的创意使用，从而构成场景独特、风格各异、意境新奇的表演形式和场面。

一、常用表演道具的种类

大型文体表演道具种类多样，形状不一，它是根据表演主题和艺术形象需要而选择与设计的。可按不同的分类方法分为以下几大类：

（一）以道具的形状为依据

“点”类——有球、花球、花束等道具；

“线”类——有彩带、火棒、花棍、藤条、棍等；

“面”类——有伞、旗子、拼板、扇子等。

（二）以道具的质地材料为依据

硬道具——所有坚硬材质、不可改变形状的道具，如船桨、灯笼、刀、鼓、船等；

软道具——所有柔软材质、动作时会随动作的走势舞动且改变其静态形态的道具，如旗子、彩绸、手绢、纱巾、绳索等。

（三）以道具的大小为依据

可把道具分为小型道具、中型道具和大型道具。

1. 小型道具（轻器械）

小型道具包括火棒、扇子、纱巾、绸子、旗子、彩带、花朵、花环、花条、花束、麦穗、扇子、伞、花球、球类、皮筋、火炬、腰鼓、枪支和各种实物模型等（图6－3－1）。小型道具有体积小、轻便、灵活、携带方便等优点。表演者手持，可自如地做各种动作。有的小型道具还可以隐蔽地放在表演者身上带入场内，到表演需要时在拿出，不仅能增加观众的惊奇感，而且还能起到唤起视觉兴奋点、突出主题的作用，将表演推向高潮。

火棒　扇子　纱巾　手绢

图6－3－1　小型道具

2. 中型道具（重器械）

中型道具包括国旗、梯子、造型架、双杠、大花篮等（图 6－3－2）。表演过程中，可由几人共同持一中型道具同时表演，也可以持中型道具在其他大型道具上做动作。

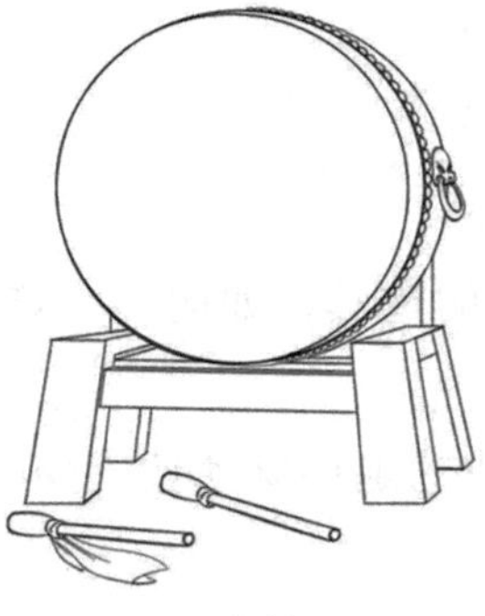
大鼓

贝壳道具

图 6－3－2　中型道具

3. 大型道具（巨型器械）

大型道具包括模型车，各种形状的、固定的或可以转动的大翻花台等（图 6－3－3）。大型道具一般指体积大而且份量重的道具，这类道具有一定的高度或层次，供表演者在道具上做动作，能收到较突出的立体效果。有一些大型道具由于体积大，很难隐蔽，故在表演中都由多人列队抬入或提前预置安装。

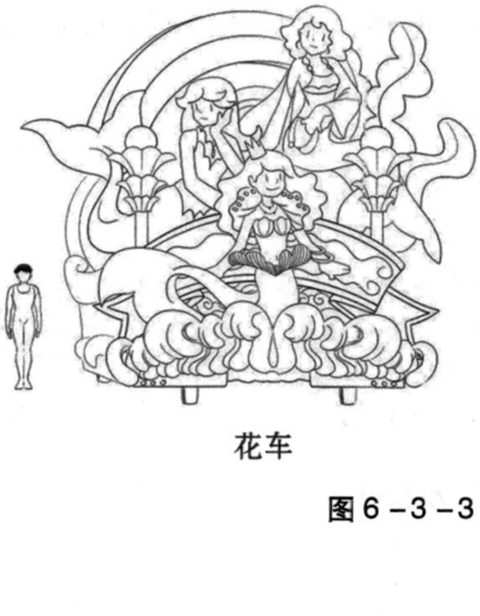
花车

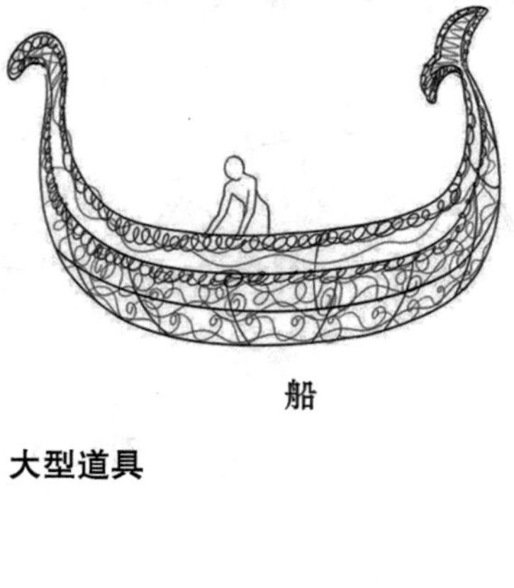
船

图 6－3－3　大型道具

二、表演道具的作用

在大型文体表演中，道具与表演者共同构成了一个完整的审美意向，它以色彩、线条、造型等视觉形象，构成有节奏、有情绪、有生命的图像，它有时是静止的静态形象，有时是流动的动态形象，随着表演情绪的向前推移而不断地在变化。

道具的作用主要体现为：

（一）道具常作为大型文体表演的表现手段

大型文体表演借助道具来完成作品形象的塑造，突出主题，增加视觉的丰富性和作品的独创性。

（二）道具是动作语言的一部分

道具的运用本身就是一种独特的语言符号，代表着一定的含义。道具的运用又是演员肢体的一部分，是肢体的延伸。如：水袖、扇子、手绢等。

（三）道具也经常会成为整个作品的线索，牵引着作品的结构与剧情的发展

如：2014 年 8 月 16 日在南京举办的第二届夏季青年奥林匹克运动会开幕式表演上青年探索者所使用的天文望远镜，就作为整个开幕式表演发展与结构的线索，连结起各个篇章的内容。

（四）道具可以表明人物的身份

特定人物经常会以符合其身份的独特道具来塑造人物形象，并表明人物身份。

（五）道具可以表明作品的情感态度和整体氛围

不同道具的使用，可体现出作品中蕴含的不同情感态度和不同环境气氛。如：各种花朵状的道具会给人以积极向上、生机盎然、温暖和谐的情感体验，描绘出

祖国山河繁荣昌盛的情景画面；而同样是表现大海的场景，平静的蓝色水绸描绘出风平浪静、优美浪漫的画面，而迅速抖动、起伏、移动的水绸则描绘出波涛翻滚、巨浪漩涡、危险紧张的情景与情感。

三、设计表演道具应注意的问题

（一）道具的组合与变化

一件道具不能只有一种形象或一种功能展现在观众面前，应多样化，具备多种表现功能，才能更好地满足观众的审美期待，增强整个表演的艺术效果。一件道具不仅可以自身变化，而且可以相互组合成新的艺术形象，使场上的艺术形象和表演色彩在不断地变化。要想使道具的变化做到自然、巧妙、快速，对于道具的设计、用料、制作就提出了较高的要求，需要有一定的工艺水平才能完成。随着科技的发展，各式各样的新型道具应运而生，快速、巧妙的组合与变化，给大型文体表演的编创带来了更大的想象与创作空间。

（二）突出主题

在大型文体表演中，道具是根据表演主题的需要选择与设计的，道具的运用能突出或点明主题，改变始终徒手表演的单调感，增强主题表现形式的多样性，烘托表演气氛。

（三）符合表演者的条件与特征

选择道具应充分考虑表演者的年龄、性别等个体条件，在道具的设计与制作上选用不同材质、不同尺寸、不同重量的材料进行制作。少年儿童的道具不宜过大、过重，以便携带和操练；男演员身高体壮，可以选择旗、刀、棒、枪、模型等需要劲力的道具；女演员则多选择些花环、扇子、纱巾、彩带等轻柔的道具。

（四）颜色的协调搭配

颜色的选择应与场地、表演者的服装色彩相协调。道具与服装的颜色尽量不要和场地的颜色一样，那样就会颜色重叠，看不到道具和演员了。另外，服装与道具的色彩不宜雷同，应选用形成鲜明对比的颜色，这样才能收到清晰有层次感的色彩效果。

（五）道具制作可适当夸张

由于大型文体表演表演场面宏大，表演人数众多，表演场地距离观众较远，在选择或设计道具时可采用夸张的手法，把道具的比例做的大一些，色彩对比明显一些，以便达到更好的表演视觉效果。

第四节 大型文体表演场景设计

传统舞台的场景常以简洁、抽象的特点来为表演服务。大型文体表演场景设计应以时代性为出发点，结合科学技术的发展，运用高科技，使表演空间变成丰富多彩、变化莫测的奇幻空间。动态背景、虚拟布景、升降机、移动转台等场景的运用，令表演目不暇接、出其不意，但不管怎么设计，场景都要服从大型文体表演的主要表现内容、主题和氛围要求。

一、表演背景的设计与编排

大型文体表演由场内表演和看台背景共同组成，背景是大型文体表演非常重要的一部分，它由主席台对面背景区或看台上呈现的图案画面、标语文字和背景表演构成。背景的设置能使表演范围扩大，背景与场内表演连成一体，有辅助演员表演、点明主题、烘托气氛、营造空间环境和时间环境、装饰美化等诸多作用。大型文体表演背景形式多种多样，可根据场地、人力、物力等具体情况大体分为静止背景和动态背景二种。

（一）静止背景

静止背景，就是一次性全部打开的背景形式，包括图案画面、标语文字等等。

静止背景设计大致可分为背景造型设计与背景画面设计两个部分，这两者既有区别也有共同之处。在体现创作意图、点明主题、装饰美化等方面，两者在设计标准、要求、目的上都相同。其中的背景造型设计更多受到实际场地、环境、条件以及调度上的制约，其大小、形状、安放位置都必须考虑到这些因素的影响。而背景画面设计主要是在表现内容等方面，不会受到这些条件太大制约，相对比较灵活。由于背景要放置在整个表演画面的框架范围内，因此背景的设计还要充分考虑到背景画面对整个表演效果完整性的影响。这两者在设计过程中既要把握好服务于大型文体表演这一最终任务，还要时刻遵循美学构成法则和规律，同时要与其他工作部门保持沟通，在共同协作的情况下完成设计与制作。

大型文体表演静止背景的体现手段多种多样，除了早期常见的由人工绘制的背景画面与背景造型以外，还有幻灯投射、投影等多种表现手段。

（二）动态背景

动态背景是一种不断变化的背景形式，动态背景能够根据大型文体表演内容的不同不断地进行变化，更能贴切生动地体现表演主题、烘托表演气氛，是提升大型文体表演艺术效果的有效辅助手段。但由于动态背景所需的经费较多，排练人数较多，排练时间较长，所以必须有充足的经费、时间和人力才能选择使用动态背景。动态背景主要由背景表演和数字化大屏幕两种常用形式。

1. 背景表演

大型文体表演的背景表演是由众多的背景表演者在主席台对面的背景台手持不同的道具（彩球、花束、纱巾、彩旗、板子、背景本）连接起来组成可变化的字或画面。效果比较好的是背景本或背景板的形式，这种形式所呈现的背景画面是由许许多多单个的背景本或背景板同时翻开某一画页所组成的（图 6 – 4 – 1）。它的优点是变化多，变化快，能组成复杂的画面，表现多种内容；但它的制作过程较复杂，训练要求高，费时、费钱、费力。表演时，画面一般都是配合场内动作表演进行变化的，它不仅能表现静止的画面，还能表演各种活动的形象，如滚滚的流水、五彩缤纷的礼花和疾驰的列车、奔腾的骏马等。表演人数有几百人、几千人、上万人不止。

（1）背景表演的方法

组图和组字，可以从上到下、从左到右，局部活动或连续翻开，也可从中间打开向四周、从四周打开到中间等多种变化方法。

（2）背景本制作的方法

背景本的尺寸是根据背景台的台阶高度和背景表演者的身高决定的，一般来说，背景本高45厘米为宜，展开宽60厘米到70厘米比较合适。背景本的纸张可选用牛皮纸、卡片纸、薄的草板纸等均可。为了节约，发动群众利用废报纸制作是个好办法，用三层报纸糊成一张厚纸即可。绘制背景画面可用颜色画，亦可用彩色贴纸，还可以用颜色画和贴纸相结合的方法。贴彩色纸的优点是彩色纸能更换，背景本可多次使用，缺点是色彩比较差，特别是人物像效果很不理想。用颜色画的优点是色彩鲜艳、层次分明、表现力强，缺点是涂上的颜色很难改变，不便于再贴纸，多次使用有困难。不管用什么方法，背景本的纸都应有一定的韧性，既要挺实，又不要太重、太厚。单张背景画绘制好需要汇制成册，有20幅到70幅不等，一般都采用线装订法，每4张或6张装订在一起，再汇成册。为了牢固，每4或6张纸的折缝处和书脊的上、下处加条布。不露头的表演，需要在背景本上挖一视孔，开孔处不能有装订线。

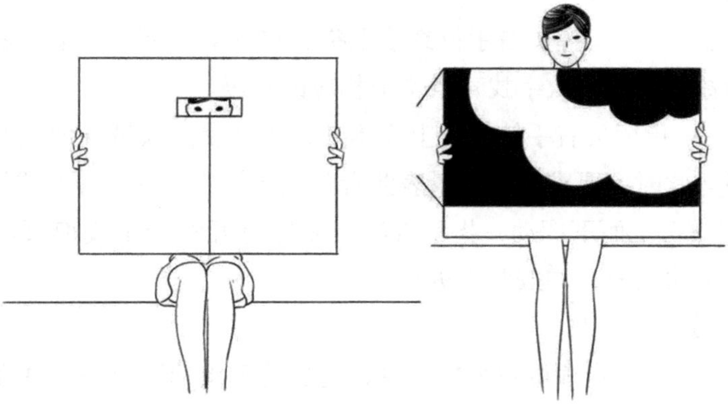

不露头背景本表演　　　　露头背景本表演

图6－4－1　背景本表演

（3）背景表演训练的方法

背景表演的动作较为简单，但要求却比较高。参加背景表演的人数多，表演时间长，动作单一，而且要求注意力长时间高度集中，不能出现差错。首先要加强背景表演人员的思想教育工作，其次还要对背景表演者进行严格的技术训练。训练的内容包括正确的坐姿，拿背景本的正确姿势，找页码、开合背景本的技术，熟悉与掌握指挥信号和检查正确与否的方法等。

（4）背景表演的指挥

严密、准确、适时而有效的指挥是取得背景表演成功的关键所在，必须认真、细致地做好指挥的各项工作。指挥工具一般采用红、黄手旗各一面，号码布若干（根据背景画面的数量而定），尺寸为长 1 米、宽 80 厘米左右，放置号码布的支架一个，对讲机一部。指挥人员，一般中小型背景表演有 2 人指挥即可（1 人指挥，1 人翻号码布），大型背景表演一般为 3 ~ 4 人（指挥 1 人，监督 1 人，助手 1 ~ 2 人），并用旗语作为全体背景表演者统一行动的号令。指挥用具是红、黄旗各一面，右手持红旗，左手持黄旗，右手单独举红旗用于表演过程中的开合背景本的一般信号，举双旗用于表演的开始与结束或发生重大错误时紧急合本的特殊信号。指挥信号要简单、明确，易于全体表演者掌握。指挥信号包括“全体注意”“准备”“开”“合”四种，单旗与双旗指挥动作相似，但作用有些不同。

①单旗（图 6 – 4 – 2）

“全体注意”——指挥员右手持红旗上举、在头上方挥旗，指示表演人员应注意号码布上的数字，根据数字找背景本上相应的页码。

“准备”——指挥员右手持红旗上举不动，指示表演人员立即做好打开背景本或换页的准备。此时，要求全体背景表演者盯住指挥旗，等候开本或换页的号令。

“开”：红旗自上而下挥动，指示表演者立即打开背景本或换页。在背景表演过程中，每换一次画面，均按此法进行。

②双旗（图 6 – 4 – 3）

“全体注意”——指挥员右手持红旗、左手持黄旗两臂上举，并在头上方交叉挥旗。号码布上无数字显示，表示表演人员应注意将背景本收起。

“准备”——双旗上举不动，此时表演者要盯住指挥旗等候命令。

“合”——双旗自上而下挥动，指示表演者立即收本（合本放在腿上）。

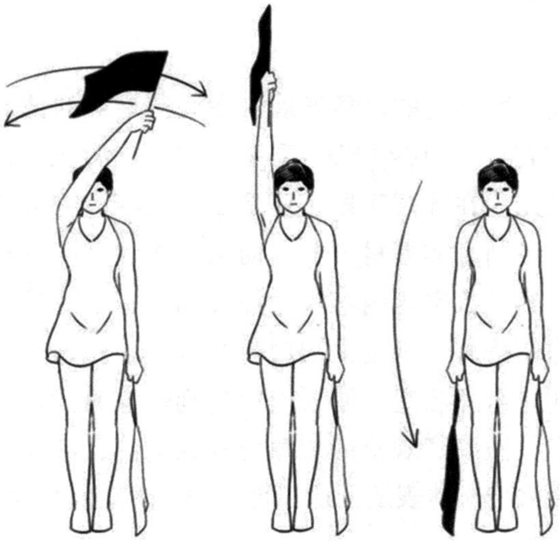

图6－4－2　单旗指挥信号

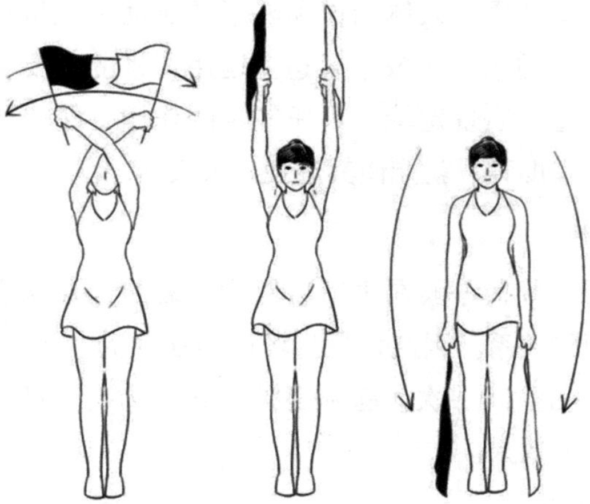

图6－4－3　双旗指挥信号

手持其他道具的背景表演，从设计、训练、组织到指挥，都与持背景本表演的方法有共同之处。指挥时，可运用不同背景表演所使用的道具结合指挥信号，进行背景表演的指挥。

2. 数字化背景

随着现代电子技术数字化的迅猛发展，在经费足够的情况下我们多会选择数字化背景屏作为表演背景，包括 LED、彩幕、水幕、激光成像、光导纤维等技术的应用。数字化背景无论在体现手段、还是表现内容，它都比静态背景丰富生动得多。多会选择提前录制真实素材、电脑动画制作和后期编辑制作的动态数字化影像作为背景演出内容。数字化内容大大加强和丰富了背景的表现内容和辅助表演效果，只要将影像制作好，现场演出时操控简单、迅速、精准性高，表演画面逼真、色彩绚丽、变化奇异壮观，使人们感受到信息时代的特色，体现了现代科技与文化的紧密结合，激发了观众的想象力和共鸣感，解决了好多过去人工背景无法解决的问题，为大型文体表演创造了奇幻的艺术空间和表演效果。

（三）背景在大型文体表演中的作用

1. 点明主题，烘托表演内容

场内主体表演主要是通过人体动作和队形的流动变化构成表演画面，而背景却可以用抽象的或具体的艺术形象来表达。运用背景的主要目的是补充场内的表演内容，起到点明主题、表现意境、烘托气氛的作用。在表演中队形与动作不容易准确表达的主题，借助背景就能使其表现力大大增强。

2. 扩大表演范围

从视觉角度分析，背景一般在主席台对面，表演区在两者中间，背景区与表演区形成立面与平面的关系。因此背景与场内表演融为一体，开阔了观众的视野，形成平面与立体相交的空间层次，起到了扩大和美化表演场面的作用，大大增强了大型文体表演的表演效果。

3. 转移观众注意力

场内的主体表演是通过表演者组成的各种图案造型的流动与变化来呈现的，当场内变复杂图案出现乱场或移动布景时，就可安排背景的变化来转移观众的注意力。背景的变化很醒目，出现新的图案和画面时，观众会立刻注意到，起到了掩护与隐藏的作用。

但当场内表演处于精彩或高潮的时候，要特别掌握好背景变化的时机，切忌相互干扰。背景在大型文体表演中毕竟处于辅助地位，不能本末倒置、喧宾夺主，应该合理设计好背景的数量和变化时机，才能获得最佳的表演效果。

（四）设计背景表演应注意的问题

1. 背景的主题应紧紧围绕着大型文体表演的主题进行创作。为了能和主体表演配合恰当，背景设计者应和文体表演编创者共同讨论背景表演的内容和形式。画面的主题应突出，概括性要强，使观众能够一目了然。

2. 背景画面在构图上要大色块，粗线条，避免琐碎；色彩要对比鲜明，冷暖关系强烈，还要考虑到表演场地的色彩、表演者的服装和道具的颜色等。画面构图的颜色种类不宜过多，远处看效果会比较杂乱。在背景本或背景板的绘制中，近似色应尽量合并，这不仅经济，更主要的是便于制作和表演。

3. 动态画面应与大型文体表演具体每个场景的表演内容紧密结合，有些局部的活动画面必须在设计整个表演的时候就确定好。因为许多活动变化的画面是由两个以上的动态画面构成，变化的时间必须提前预设好，并精确到秒。

二、表演布景的设计

布景是舞台演出视觉形象中构成景物环境实体的部分，它与灯光、化妆、服装等共同塑造演员的外部形象，帮助演员表演并揭示作品的内涵。

（一）布景的设计原则

1. 辅助原则

无论大型文体表演艺术形式怎样发展，都离不开以演员为中心的表演。所以布景不可能离开演员的表演独立存在，离开了演员的表演，所有布景都是无意义的。布景的设计和布置要以大型文体表演主体表演为中心，为表演服务，为演员营造出符合表演内容的舞台氛围，阻碍演员发挥，喧宾夺主的做法，是绝对不可取的，做好大型文体表演的辅助工作。

2. 虚实相间原则

大型文体表演布景的风格，贵在写意传神。当今的表演艺术，在程式化、虚拟化的基础上不断创新，不断寻找新的表现领域。大型文体表演的布景设计可在传统布景样式的基础上大胆创新，在写意的基础上，虚实相间，亦真亦幻，为大型文体表演主题和表演内容服务。

（二）布景在大型文体表演中的作用

布景在大型文体表演中具有实用和辅助两大类作用，由于大型文体表演表现形式越来越多样，布景的作用也越来越重要，主要有以下几种。

1. 遮掩作用

遮掩作用是布景最原始的作用，如古希腊、古罗马的舞台墙，都是为了挡住观众的视线。现在的侧沿幕体系布景，就是在遮掩作用下发展起来的。而在大型文体表演中，布景的遮掩作用也同样应用广泛。演员换场、队形变化、特技效果实现，部分人员和布景、道具、电子设备或机械设备的移动和隐藏都离不开布景的遮掩作用。

2. 装饰作用

装饰作用主要指大型文体表演空间的装饰效果，即以装饰手段强调表演空间和表演主体的装饰美感。通过布景的装饰效果，为大型文体表演营造出浪漫、奇幻的艺术氛围，表现出特定民族、地域或时代的特点。

3. 创造典型环境

布景为大型文体表演创造出适合艺术表现内容的典型环境，这个环境既有个性又有共性，既符合生活逻辑又符合艺术表现，使表演达到情景交融。

4. 营造表演氛围，给观众以特定的心理和情绪感受。

布景的运用作为大型文体表演有利的写实化手段，能够迅速地辅助表演内容营造时间变化、季节更替、地点变迁、雪、火等表演氛围，使表演产生节奏感和层次感，使人产生身临其境的感觉，激发演员的内心体验，给观众带来逼真的视觉享受和想象空间。

第五节　大型文体表演灯光设计

灯光是舞台演出的效果手段之一，是为演出的照明效果服务的。舞台照明是不同位置上的灯具在舞台上形成一个照明的场，提供特殊的艺术效果，表现出形体和造型的立体感，产生不同的情绪和气氛。大型文体表演中所说的灯光，不是生活中的灯光和自然光，而是经过艺术处理的艺术化的灯光。

一、常用灯光设备特性与特征

现代舞台灯光设备种类繁多，大体可分为灯具设备和控制设备两大类。随着现代灯光技术飞速发展，灯光设备的种类和功能也日益更新，在这里我们给大家介绍一些大型文体表演常用的灯光设备。

（一）灯具设备

1. 电脑摇头灯

电脑摇头灯是在现在各种演出中使用最为广泛的一种灯具。具有多种特效变化、光圈大小与强弱随意变化、多种色彩与图案选择以及多方向大角度随意旋转的特性。电脑摇头灯几乎集合了大多数其他灯具设备的优点于一身，因此成为当前使用率最高、作用最为全面显著的一款灯具。但其高昂的造价和复杂的操作程序也使其在很多表演中无法全面大量地使用。

2. 电脑扫描灯

电脑扫描灯和电脑摇头灯一样都属于电脑灯系列灯具，它同样具有电脑灯系列独有的强大的换色和图案变化功能。电脑扫描灯在散光源和光束处理上拥有相当不错的优势，但在光束定位、大角度旋转和模拟部分特效方面比电脑摇头灯略显不足，在当前的各类表演中使用也极其广泛。

3. 激光灯

激光灯比前两款灯具成熟较晚，但其独有的激光光束和成像技术，可变化成不同图案投射，使其迅速广泛应用于现代演出活动中。

4. 筒　灯

也叫 PAR 灯，因其筒状造型而得名，是当前各种演出中十分常见的一种灯具。该款灯具具有光束聚光能力强、色彩变化丰富、闪动变化节奏快造价低和耗电量小等特点。

5. 聚光灯

聚光灯是比较常见的舞台演出用灯，其中的高效聚光灯光束集中、照度较强，而造价和耗电量都较低，用作基础照明、定点特写都有不错的表现。

6. 回光灯

回光灯是当今演出活动中非常常见的一种灯具。因配有专业反光瓦等配件，所以光圈照射范围很大，可以比较容易将光束铺满整个表演区。因回光灯可以配备换色器，颜色变换操作简单，色彩变化丰富，因此被公认为大面积铺设色彩、渲染气氛及基础照明最理想的灯具之一。

7. 追光灯

追光灯是演出活动中极为常见的灯具设备，其最主要的作用是为特定的人或物做追踪照明。随着灯光设备和技术的不断提高，现在的追光灯已不仅仅是简单的跟踪照明，而是又加入了换色、雾化和频闪等诸多效果，使得追光灯的作用更加丰富。

8. 大功率户外型灯具

这类灯具都是适于在户外或大型表演场地使用，超强、超远距的光束是其独有特点。强大光束、变换色彩和可大角度旋转特点使其极为适合在大型文体表演中使用。常见有“城市之光”“卫星灯”“空中玫瑰”“宇宙之花”等系列。

图6－5－1 电脑摇头灯

图6－5－2 电脑扫描灯

图6－5－3 激光灯

图6－5－4 筒灯

图6－5－5 聚光灯

图6－5－6 回光灯

图 6－5－7　追光灯

图 6－5－8　城市之光

图 6－5－9　空中玫瑰

（二）控制及配套辅助设备

1. 调光台

调光台是所有灯具工作控制中心。设计师通过调光台向灯具发布指令，使其按既定方案进行变化，从而达到完美的演出效果。调光台一般可分为数字型和模拟型两大类，按照工作职能又可分为电脑灯调光台和基础光调光台。

2. 换色器

换色器是使用最为广泛的灯具配套辅助设备，可以通过数据线连接并应用在筒灯、回光灯等多种灯具上。其主要作用就是变换色彩，使原本只有白光的灯具可以具有丰富的色彩变化。一次可选颜色少则 7 种，多则十几种不等，从而达到设计师所需要的表演效果。

3. 换色器控制台

换色器控制台的作用与调光台类似，是指挥换色器进行色彩变化的控制设备。安装在灯具上的换色器通过数据线与控制台连接，并接受控制台发出换色指令。常见换色器控制台一般可同时指挥八到十几组换色器分别进行色彩变换，以保证演出中可以同时有多种色彩变化。

4. 可控硅箱

可控硅箱是所有灯光设备（包括灯具设备和控制、辅助设备甚至部分效果设备）的神经中枢。所有设备电源的开关、信号和指令的输入输出都要通过可控硅箱来完成。

图6－5－10　调光台

图6－5－11　换色器

图6－5－12　换色器控制台

图6－5－13　可控硅箱

除去以上介绍的这些设备以外，还有分配器、数据线、转换器、航空箱和各种型号灯光架等设备，这里就不一一介绍了。

二、常用灯位

要想设计好并用好舞台灯光，先要了解舞台灯具的常用光位。这是一个编导所必须具备的知识。

1. 面　光

自观众顶部正面投向舞台的光，主要作用为人物正面照明及整台基本光铺染。

2. 耳　光

位于台口外两侧，斜投于舞台的光，分为上下数层，主要辅助面光，加强面部照明，增加人物、景物的立体感。

3. 柱光（又称侧光）

自台口内两侧投射的光，主要用于人物或景物的两侧面照明，增加立体感、轮廓感。

4. 顶　光

自舞台上方投向舞台的光，由前到后分为一排顶光、二排顶光、三排顶光……等，主要用于舞台普遍照明，增强舞台照度，并且有很多景物、道具的定点照射（定点光），主要靠顶光去解决。

5. 逆　光

自舞台逆方向投射的光（如顶光、桥光等反向照射），可勾画出人物、景物的轮廓，增强立体感和透明感，也可作为特定光源。

6. 桥　光

在舞台两侧天桥处投向舞台的光，主要用于辅助柱光，增强立体感，也用于其他光位不便投射的方位，也可作为特定光源。

7. 脚　光

自台口前的台板上向舞台投射的光，主要辅助面光照明和消除由于面光等高位照射的人物面部和下颚所形成的阴影。

8. 天地排光

自天幕上方和下方投向天幕的光，主要用于天幕的照明和色彩变化。

9. 流动光

位于舞台两侧的流动灯架上，主要辅助桥光，补充舞台两侧光线或其他特定光线。

10. 追　光

自观众席或其他位置需用的光位，主要用于跟踪演员表演或突出某一特定光线，又用于主持人，是舞台艺术的特写之笔，起到画龙点睛的作用。

三、灯光色彩运用

不同的灯光色彩，给人以不同的情感和情绪提示。灯光色彩具有冷暖、明暗的特征，电脑灯还能变换各种不同的花纹和图案，每一种颜色和花案都具有不同的表现性和情感内涵，给欣赏者以不同的感受和暗示。设计师掌握好灯光色彩的运用规律与方法，往往可以在大型文体表演中起到画龙点睛的作用。

在色彩构成理论中有三元色，即红、黄、蓝三个独立的元素。科学实验证明，大自然间所有有色物体色彩都是由这三种颜色合成而来。这三种色彩中任意一种颜色都不能用另外两种颜色混合而成，而其他色彩都可由这三色按一定比例混合出来。在光学色彩构成中也同样有三原色，但这与有色物体三原色不同。在光学色彩构成中，三原色还是红、黄、蓝三种，但这三种色光以不同比例混合几乎可以得到自然界所有颜色。比如红光和绿光混合可以得出橙色和黄色等颜色；与蓝光混合可以得出品红、紫色；蓝光与绿光混合可以得出青、青绿等颜色。而当全部色光混合在一起时得出的颜色则趋于白色。同时，由于随着不同色光混合量增加，色彩的明度也逐渐增加，因此我们把这种光色混合构成模式称之为“加色混合”。

大型文体表演的灯光色彩会对人的心理产生联想作用，而这也正是灯光在大型文体表演中突出主题、渲染气氛、烘托意境的最主要手段之一。通常设计师在进行灯光设计时会根据大型文体表演的主题、内容、场次、队形构图和服装的颜色、款式等因素预定方案，先大概确定每组变化所用灯光色彩，在与导演和舞美设计沟通后予以实施，并在最后装台、合光、连排期间进行调整完善，最终确定表演灯光变化方案。

经过无数灯光设计师的经验积累，我们大致总结出许多灯光色彩对观众心理产生联想的大致情况，并在实际工作中加以运用，取得了很好的效果。下表为我们总结出的主要色彩对人心理产生联想的具象化内容。

表 6 -5 -1　主要色彩对人心理产生联想的具象化内容参照表

灯光色彩	使观众心理产生的常见联想
红	火焰、鲜血、热烈、希望、喜庆、婚礼、节日、革命、胜利、战争、激情、爱情
橙	喜庆、丰收、热烈、欢快、美好、秋天
黄	阳光、美好、幸福、欢快、活泼、明亮、夏天
绿	生命、青春、植物、森林、树木、希望、活力、春天
蓝	水、大海、夜晚、冰冷、严肃、天空、庄重、压抑、梦境、幻想、深邃、浩瀚、冷酷、战争、冬天
紫	高贵、典雅、神秘、魔幻、深邃、奇异
金	高贵、庄重、辉煌、尊贵、丰收、喜庆、吉祥、热烈、大地、沙漠、黄河、黄土、黄金、金秋
黑	夜晚、空间、深邃、悠远、神秘、梦幻、星空、广阔、恐怖、压抑、时间转换、空间转换
粉	喜庆、浪漫、甜蜜、欢快、爱情、迷离、奇幻、神秘

以上这些都是比较常见和使用频率较高的灯光色彩在心理联想上的总结。实际上舞台灯光色彩有百种之多，我们不可能一一列出。另外，还有很多色彩在搭配使用时能够产生比单一色彩更好的表演效果。比如淡黄与淡绿搭配可以营造出更为逼真生动的春天或有层次感的树林；原色红与深蓝搭配再辅助以烟雾和频闪，能逼真地表现激战的场面；而湖蓝配以适当白光和干冰，能够营造出云海、梦境、仙境等意境，具有强烈的视觉效果和逼真感。所以我们要在不断的工作实践中积累经验、总结规律，才能更好地运用色彩构成的内在规律去设计与使用灯光，为增强大型文体表演艺术表达和艺术效果服务。

四、灯光的作用

（一）照明功能

灯光最原始、最基础的功能就是照明功能，由于科学的发展，专业舞台灯具的出现，控制系统的完善，灯光的功能也由单一的照明向艺术化的方向发展。舞台灯光不仅能照亮编导想让我们看到的艺术形象和艺术画面，也能隐藏编导不想让观众发觉的艺术呈现过程，给人出其不意的艺术效果。

（二）烘托气氛意境

运用灯光色彩对人潜意识的影响，利用灯光的冷暖色彩烘托表演现场欢乐、热烈或凄凉、悲壮的气氛等，利用灯光色彩、图案和亮度的变化制造表演意境，使观众产生身临其境的感觉，极好地辅助了演员的表演和整体艺术画面的构成。

（三）分割时空，造型功能

利用光束分割制造时空环境，分割表演空间，如光墙、光柱，等经常通过不同颜色的光圈表现演员处于不同的环境和时空之中。利用明暗对比、逆光等制造剪影、雕塑等。利用色彩对比、颜色的冷暖对比，突出立体效果，将人物从画面中凸现出来，进一步突出大型文体表演所需要强调的人物和画面，达到最佳表演效果。

（四）节奏功能

任何表演，单靠演员的说唱、动作和音乐旋律来完成还是不够完美的，感染力也是有限的。利用灯光的艺术处理方法，随着表演节奏的推进变化丰富的光色、强弱、明暗、跳跃、闪动，使整个表演空间的情境和氛围与表演动作和音乐、场景融为一体，更加强了大型文体表演的感染力和震撼力。由于大型文体表演不同于戏剧，它是人体有节奏的运动，动作的变化与队形的流动都在设计好的音乐节奏之中，因此，音乐就可以作为灯光变化的依据。灯光的变化可以根据音乐的时间点来进行，就能够按照预先的设计效果准确无误地进行灯光配合。

思考题

1. 大型文体表演的音乐编创方法主要有哪两种？
2. 编曲工作中编创素材编辑主要围绕哪几点进行改编？

3. 什么是三部曲式?
4. 表演服装的选择标准是什么?
5. 设计表演服装时应注意的问题有哪些?
6. 常用表演道具的种类有哪些?
7. 设计表演道具应注意的问题有哪些?
8. 什么是背景? 背景分为几种?
9. 简述背景表演的指挥信号有哪几种?
10. 布景的设计原则是什么?
11. 布景在大型文体表演中的作用有哪些?
12. 什么是灯光?
13. 常用舞台灯位有哪些?
14. 灯光有哪些作用?
15. 简述作曲创作工作的程序。
16. 简述表演音乐与表演动作的关系。
17. 简述表演音乐的功能。
18. 简述动作编创与音乐的配合方式。
19. 简述常用表演服装的种类。
20. 简述表演道具的作用。
21. 简述背景表演的方法、背景本的制作和背景表演训练的方法。
22. 简述背景对大型文体表演的作用。

第 3 部分

大型文体表演的组织与排演步骤

【导　言】

组织与排演是大型文体表演活动成功的关键环节，它由筹备、策划、排练、合成四个关键步骤组成。通过第七章、第八章的学习，可以了解筹备阶段的主要工作、排练阶段的主要任务，熟悉大型文体表演策划的特点和作用、大型文体表演排练与合成的步骤，掌握表演方案的策划与撰写以及排练计划的制定与训练。

第七章
筹备与策划

第一节 筹 备

一、建立组织系统

大型文体表演工作牵涉社会功能方方面面，除了创作部门外还涉及交通、安保、电力、卫生、餐饮、信息、气象等部门。为了安全组织好大型文体表演活动，应成立多个组织机构来协调工作，使各方面工作有序有效运转。

（一）成立相应大型文体表演的组委会

组委会负责相应演出的战略决策、管理、筹措资金、控制关键资源、分配资金和招聘专业人员，并设立管理人员和监督机构。

组委会的职能：

1. 战略决策和管理。
2. 制定各类运行制度职能。
3. 筹措资金、控制关键资源、分配资金和定制管理规范。
4. 核心价值观和文化建设的设计中心。

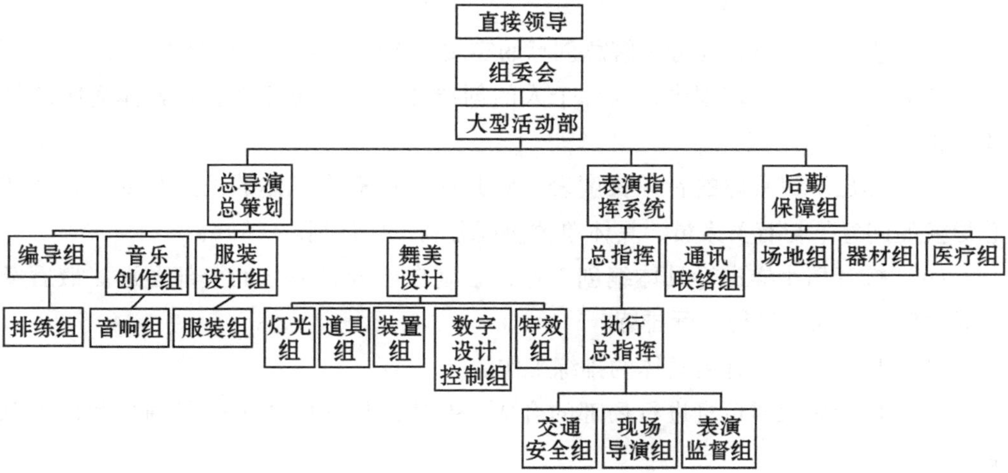

图 7－1－1　大型文体表演组织系统结构图

（二）确定总导演与总策划

组委会确定总导演和总策划人选，总导演与总策划共同商讨演出总体方案，商定后将策划书交由组委会审批。

1. 总策划

总策划的职责是构思与编写整场演出的主题、内容、结构、创意等，按照组委会的要求提出演出的总体方案构想。

2. 总导演

总导演的职责是把总策划的方案构想变成实际可操作的环节，指导、组织与协调各个部门共同把演出的总体方案变成具体真实的艺术形象和表演场面。

（三）各工种进行具体分工，成立导演组

由总导演进行具体分工，确定编导人员、音乐创作、服装设计、舞美设计，同时成立排练组、音响组、服装组、灯光组、道具组、舞台装置组、数字设计控制组和特效组等部门。

1. 编导人员的职责

（1）参加总创意，充分了解总创意的实质，掌握总体方案的指导思想。

（2）在总体方案范围内，发挥个人的创造性，提出局部创意和具体场次的具体结构。

（3）提出节目具体的音乐长度表，对其他设计提出具体的设想与要求，并在总导演的同意下与有关人员、具体单位协调分场工作计划。

（4）按音乐小样进行具体编创工作，绘制自己分管部分的全部图形。最后经总导演验收后亲自进行实际排练。

（5）指导排练组开展具体的排练工作。

（6）按音乐大样负责进行局部的合成，并按总导演的要求进行调整和进行总合成的排练。

（7）参加对服装道具的验收，参与修改意见。

（8）参加总合成前的“纸上谈兵”，并接受总合成中的具体任务，为参加最后彩排、预演、演出的具体指挥工作做好准备。

（9）组织整个表演的合成、合光，并进行必要的修整。

（10）完成最后彩排、预演、演出所担负的指挥工作。

2. 音乐总监和音乐创作的职责

（1）了解组委会对本次大型文体表演节目的总要求，特别是对活动的特殊意义有比较深入的了解。

（2）充分了解节目的整体创意，了解总导演和编导人员的具体要求，特别是对音乐的初步想法和要求。根据编导做出的“音乐长度表”，对其中音乐的情感、节拍、配器要求、长度等进行共同的商定。

（3）根据编导的具体要求，做出音乐全局的设计。包括段落分布、音乐性质的搭配、调性的转换、和声、配器等等，并开始具体的作曲工作。

（4）如果需要除自己之外的作曲家的话，音乐总监要负责挑选其他作曲家一道合作，并将自己对音乐的总体设计贯彻到具体的写作中去。

（5）验收部分作曲的曲谱。

（6）组织乐队、合唱队训练及录音工作。

（7）如果先用录音小样进行排练，在排练过程中及时了解表演细节，以便在最后录制前将全部修改稿完成。

（8）参加进棚具体录制工作，完成音乐大样的录制。

（9）协助音响设计师完成整个表演的音响设计、设备采购与安装。

（10）指导音响组顺利完成合练、彩排和演出。

3. 服装总监和服装设计的职责

（1）认真领会并贯彻总导演和主创群体确定的创作思想和艺术构思，提出服饰设计的总意图和艺术追求。

（2）服装设计的总意图与追求得到总导演与有关编导的同意后，便为每种角色、必要的个体人物按场次做出具体设计并绘制出图。

（3）个别只用图不足以说明设计意图需要进行实验的服饰，着手进行局部实验。

（4）在设计的同时要考虑好能够实施这一设计的厂家。在设计图与实验获得总导演与必要的分场编导同意后，立即提出工作进展计划并组织进厂进行制作。

（5）服装设计在服饰制作中一般要亲自担任监制工作，监督检查确定尺寸，并到制作现场解决裁剪与缝纫中的难题，以确保设计意图的最后体现。

（6）参加总导演召开的专业会议，随时汇报工作进展情况，并听取创作、排练工作总的进展与要求，对新的变化和意图及时予以贯彻。

（7）与编导共同确定试装时间与地点，在合成彩排前一周内分期、分批进行试装。详细记录不合体、效果有问题的服饰。试装后迅速进行修改与调整。

（8）指导服装组进行服装的分发与管理，参与彩排与演出中服装管理工作，发现服装破损问题及时修补，保证演出不在服饰上出现差错。

4. 舞美设计的职责

（1）充分了解组委会及创作群体的创作意图，掌握本次活动的重要意义及深远内涵，参加主创群体的各种创作活动。

（2）在主创班子进行总创意过程中，为整台表演构画出富有创意的总设计意图。这一设计意图不仅要体现主创班子的总的艺术构思，还要尽可能地为编导提供产生艺术想象的现实空间。

（3）选择舞美范畴内各种设计、制作人才，共同进行舞台美术的设计与制作。

（4）按总导演最后同意的设计意图，拿出全部设计图（包括若干效果图、平面图和必要的施工图，亲自领导制作必要的模型。

（5）组建灯光组、道具组、舞台装置组、数字设计控制组和特效组。

（6）监督、检查各组施工设计方案，从艺术到技术进行总体把关，包括涉及基本土木建筑、机械装置和载人大道具的载重量、负重量及安全系数。

（7）参与或指导各种设备的现场安装，核对设计与施工的质量，指导现场绘景着色，检查电、声设备。

（8）参加总导演主持的各种会议，特别是合成前的“纸上谈兵”，明确何时何场舞美工作的一切变化。

（9）协助合成及彩排工作，针对历次审查、合成、彩排中遇到需要修改的地方，组织各组进行快速而有效的修补。

（10）准确无误地按要求管理好舞美各组的工作，确保演出成功。

二、进行实地考察

在设计表演方案前，相关人员需要进行实地考察。所谓实地考察就是常说的“采风”，进行实地考察内容、任务如下。

（一）了解表演性质

1. 表演性质不同策划着力点也不同

目前大型文体表演有这样几种功能：用于运动会开幕式；用于各种艺术节开幕式；用于各种庆典活动；用于商业活动，等等，而各种活动有不同级别，有国际级、国家级、省市级，甚至是县级和单位表演性质。不同表演级别策划视野着力点也不同，国际级的表演要把视野扩大到全球话题，而单位级别表演仅仅着力于表演单位历史文化和人文精神就可以了。在策划中一定要考虑表演级别和表演内容，表达意思要符合表演性质，不能把话说大，也不能把话说小，做到表演内容和意思恰如其分。如国际级别的表演可以说说人类发展、地球未来、全世界人们和平相处等问题，而单位级别的表演就不应该把以上几个问题作为表演基调，只能从与表演单位有关历史文化、辉煌成绩和各种精神面貌入手。因此，在作策划方案之前要了解表演性质，根据表演性质来决定表演着力点。

2. 根据表演性质确定表演基调

大型文体表演基调由表演性质来决定，表演基调就是表演什么内容体现什么精神，也就是大型文体表演的思想内涵。运动会开幕式文体表演除了展示地方特色外，一般还应表现体育精神，也就是人们追求“更高、更快、更强”的精神境界。体育美是大型文体表演的重要题材；艺术文化节文体表演就应着力于表达该类艺术氛围，延伸出某种精神境界；庆典类文体表演要着力于历史沉淀、文化底蕴，催生出更加进步的意识形态；商业活动文体表演除了表现大众群体喜闻乐见的表演素材外，还要融入企业文化和商业意识，拓展商业价值。

（二）了解表演时间和表演场地

1. 了解表演时间

表演时间应该具体到月、日、时，表演时间与策划内容有直接关系。月份、日期与季节有关，在不同季节表演服装设计会有很大区别，比如夏季表演，表演服装可以设计得单薄一些、多露一些，而在冬季除了考虑服装表演效果外还要考虑服装保暖性。不同地域在不同季节的气候条件也不一样，如果是该地域在表演日易出现大风天气就不能策划容易被风影响的道具，如彩带和气球等。白天表演和晚上表演在策划上有很大区别。白天表演，演员一切行动都暴露在观众眼前，那么策划表演内容就得注重颜色变化、表演整齐度和突变效果。而晚上表演可以考虑灯光效果和表演氛围营造，多用发光高科技产品变化来烘托表演场面、突出表演主题和制造炫目表演氛围，晚上表演比白天表演表现手法要丰富。另外，表演时间如果与重大节日重叠，策划表演内容也要与之有关。比如 10 月 1 日，在国家级别大型文体表演中内容一般要与国庆主题相关联。

2. 了解表演场地

（1）表演场地关系到表演规模：表演场地大小关系到能容纳的表演人数，文体表演场地应该包括三部分，表演区、表演预备区和表演准备区。大型文体表演必须有三个区才能进行表演，而一般性文体表演根据情况常常把表演准备区和表演预备区重叠在一起，因此有两个区也可以表演。表演区大小决定参加表演人数，表演人数太多表演场面就会拥挤，人数太少又显得表演场面稀稀拉拉。除了表演区还应考虑演员进退场区域，要有足够空间才能组织众多演员进行表演。表演准备区是众多演员集结的地点，这对有序安全组织表演至关重要。常规大型文体表演是在标准体育场进行，但大型文体表演发展到现代，表演场地已经不局限在体育场，为了更好地表现主题和展示地方特色，大型文体表演场地可以根据演出要求来安排。策划人员在策划之前一定要了解表演场地，才能策划出符合表演场地、充分发挥表演场地功能的表演方案。了解表演场地不仅仅要了解主要表演区域，而且还要了解周围一些可以为表演服务的场景，比如河流、建筑物等。

（2）表演场地关系到观众观看表演效果：大型文体表演是众多人参与的表演，它最大优势在于人多势众，用人组成各种丰富变换的队形和图案。如果想让队形和图案清晰地展示在观众眼前，这就要求看台要有足够高度。在策划中必须了解表演场地的看台高度，根据观众俯视角度进行表演手法和队形图案展示策划。如果看台较低就多采用立体表演场面和低姿动作，让表演内容立起来或贴紧地面，有利于观众对文体表演观看和理解。在策划中无论是采用空中表演还是地面表演，目的都是要让观众看清楚表演内容，如果表演场地允许，还可以策划一些空中表演，用高空表演的惊险性和震撼力来增强表演效果。

（三）了解训练场地

一般大型文体表演训练场地和表演场地不会在同一个地方。训练场地包括各参演单位训练场地和合练场地。这两个场地主要与人员安排有关系，一般来说应该距离参演单位和参演人员较近，有利于排练的顺利开展和参演人员的交通与休息。

（四）了解活动有关情况

1. 活动宗旨及吉祥物

文体表演宗旨是活动最高指南，整个表演策划要围绕宗旨提取表演素材，组织表演元素。只有掌握文体表演宗旨才能把握活动精神，从而较准确地策划表演方案。活动宗旨由主办方提出，比如“更高、更快、更强”等。展现宗旨一般有几种办法：

（1）直接展示法

就是把宗旨内容直接呈现在观众面前，可以用横幅、标语、实物或队形图案等。

（2）精神提炼法

就是在表演中展示某种精神，让观众通过观看来体会，不过在表演过程中最好加上解说词，观众就更能明了。

各种活动吉祥物也是大型文体表演策划中要考虑的对象。吉祥物一般在大型活动中才有，单位性质表演不会有吉祥物。吉祥物表演也是大型文体表演中的重要题材。策划吉祥物表演有多种形式，有从空中飞来、有从地上飞起、有在地上跳舞、有用队形图案表现、有用焰火打在空中，等等。展示吉祥物的方法要看具体情况，如表演场地条件、经费和吉祥物现实意义等。

2. 开幕式仪式的情况

开幕式仪式部分和表演部分往往是分开的，但为了整个开幕式有机连接和贯穿一致，需要表演部分和仪式部分有交融和顺畅过渡。策划人员应该了解仪式部分内容，掌握仪式部分细节。或者根据情况把仪式部分策划在表演当中，甚至把仪式也策划成表演的一部分，使得整个开幕式浑然天成。尤其是点燃火炬部分更应该用表演场面来烘托气氛，策划出一个立体点火仪式。比如，在表演场地中出现一片狂舞火海，火海浓缩到场地中央慢慢升到空中点燃焰火箭，让焰火箭带着响声和火光极速飞向火炬塔。如果是奥运会，也可以用燃烧的五环慢慢升在空中汇成一个火点飞向火炬塔，这既能表现五大洲参与又能表现奥林匹克精神熊熊燃烧。

3. 表演单位具体情况

（1）可用表演人数

大型文体表演要用大量人来表演，可用人数是策划过程一个重要数据，只有掌握了可用参加表演的人数才能策划各表演场次人员。表演人数数据应该包括总人数、性别比例、年龄阶段。总人数是表演规模基数，一般小学六年级、初中三年级和高中三年级学生不能参加文体表演；知道性别比例就能知道男生和女生的人数，根据表演主题和表演风格来安排男生或女生表演。年龄阶段牵涉安排表演内容，比如表演大红旗就得安排力气大的男生，而小学生就表演不了。表演节奏强劲奔腾向上就应该安排青年人，老年同志最好表演一些节奏缓慢温馨祥和的节目。在表演人数安排上要考虑留有一些人员做替补。

(2) 历史文化和艺术人才

历史文化是策划表演的重要题材。在主办方历史和文化中往往有很多题材可以用来表演，通过艺术加工就能成为表演亮点。在策划之前一定要多读相关书籍，或找有关人员进行详细了解，多听他们介绍。在充分掌握主办方历史文化基础上提炼出亮点和文化精华，让它们在表演中发出光芒。如在 2008 奥运会开幕式上提炼出来“四大发明”“文房四宝”和“以和为贵”精神等。艺术人才或艺术团体的专业表演人员是大型文体表演中最能提高表演水准的演员，也是表演单位最希望展示的。不管是舞蹈、朗诵、声乐、器乐、戏剧、曲艺、杂技、民间传统技艺等艺术人才，还是各项目体育和文化人才，只要他在主办方的历史文化中有名气都可用。根据艺术人才特长，我们可以在表演中策划适合其表演风格的氛围，让表演场面烘托他的表演，让他的表演提高整个大型文体表演的艺术水准。

(3) 近期目标

近期目标就是表演单位工作方向和近期规划。大型文体表演是摆在大众面前的工作，通过大型文体表演能较好宣传“目标”，让大家都了解和愿意为之付出努力。尤其是各级政府部门，他们非常愿意把本届工作重点和规划蓝图展示给群众看，这也是对政府工作的促进。表演单位近期目标一般在最近一期政府工作报告中找得到。在学校里一般是展示学校办学理念，例如某学校办学理念是“为孩子发展打下坚实基础”，一般策划的表演场面是这样的：几十个教师带着一个学生进行一段舞蹈后，教师把那个学生高高举起，同时在表演队形的后面用几个巨大气球把写有那句话的横幅升在空中。如果在晚上表演，“目标”和“理念”的表现手段就丰富得多，比如用焰火在主席台对面燃烧出来；用演员躺在场地上依次点燃手中的冷焰火；在一张无形网上用 LED 灯编出需展示的文字或图案，然后慢慢拉到空中，等等。

(4) 训练团队

训练团队的组织与水准是大型文体表演成功的一个重要因素，在大型文体表演合作中训练团队有三种情况：第一种是由编导方组织训练团队；第二种是编导方与主办方组成联合训练团队；第三种是由主办方组织训练团队。这三种形式要在策划之前与主办方谈好，采用不同的形式对策划有一定影响。采用第一种形式就按照编导方教练水平用最高标准进行策划，因为训练结果和表演质量在编导组掌控之中。采用第二、三种就得考虑训练团队训练水平，策划再好，训练不出来等于没用，还不如降低训练难度、提高表演质量来取得较好表演效果。大型文体表演生命力在于表演整齐划一和整个表演有序进行，众多人表演能整齐就是一种震撼的场面。训练团队组合最好由体育教师、舞蹈教师和音乐教师组成，体育教师有魄力有能力组织管理好演员，舞蹈教师对表演动作有非常好的把握，音乐教师对音乐有很好的感觉，能把握好音乐细节。因此，了解清楚训练团队有助于策划对表演场面的配合难度和动作难度把控。

（5）*表演经费*

表演经费也是策划之前要了解的基本情况。表演经费牵涉表演服装和表演道具制作，经费充足表演服装和表演道具就可以策划得高档和华丽、可以放开手脚策划出令人炫目的氛围。如果经费不太充足，就要降低服装和道具质地，比如一把表演扇子价格由三元到几十元不等，可以根据经费情况选用不同价格的扇子，当然几十元的扇子表演效果肯定比三元钱扇子表演效果好得多，服装档次和质地也与价格成正比例关系。表演经费首先满足表演服装和表演道具制作，这两者是文体表演不可缺少的最基本开支，然后考虑演员基本开支，如训练补助、交通等，之后再考虑表演氛围营造费用。当然，经费使用要全面考虑，在有限经费中组织好各个部分比例，让表演经费发挥最大效益，达到最佳表演效果。

第二节　策　划

策划本义就是一种设计，一种安排，一种选择，或是一种决定，一种从无到有的精神活动。策划是一种程序，是一种运用脑力的理性行为，是通过精心安排、宣传和手段，对事件发生、发展进行操作，有效组织各种策略方法来实现战略的一种系统工程。

一、大型文体表演策划的概念

策划就是在详细创作大型文体表演内容之前，经过多角度逻辑顺序分析、整理、判断和创新，结合多方科学方法及人力、物力和财力等，对表演素材、内容、手法、规模等做出一个理性思考。

当然，策划有很多类型，也有简单、一般和复杂之分。策划是为具体可操作性行为提供创意、思路、方法与对策，是遵循一定方法或者规则对未来即将发生的事情，进行系统、周密、科学预测并制定科学可行性策划方案，同时在发展中不断调整以适应环境变化，从而制定切合实际情况的科学方案。策划应想到常人所不能想的，道理说出来又能让常人理解。

二、大型文体表演策划的特点

（一）策划具有前瞻性、预测性

策划是人们在一定思考及调查基础之上进行的科学预测，因此具有一定前瞻性。

（二）策划具有一定科学性

策划是人们在调查基础之上，进行总结，开展的科学预测。策划不是突发奇想，是建立在科学基础之上进行预测、筹划。

（三）策划具有可操作性

如果一个策划连最基本的可操作性都没有，那么这个策划方案，再有创意、再好也是一个失败的策划方案。

（四）策划具有目的性

不论什么策划方案，都是有一定目的，不然策划就没意义了。

（五）策划具有不确定性、风险性

策划既然是一种预测或者筹划，就一定具有不确定性或者风险。

（六）策划的灵魂就是创意

策划是一种思维革新、具有创意的策划，才是真正的策划。策划的本质是一种思维智慧结晶。

三、大型文体表演策划的作用

说到策划的作用，不得不提到策划人。首先，策划人要具备以下基本素养：丰富阅历、深厚功力（专业能力、理论基础）、博智头脑、灵敏感官、锐利眼光、奇特联想、悬河口才。其次，策划人是一专多能复合型人才，是某个领域专家，也应该是拥有多学科、多门类专业知识以及计算机技术、信息整理人才。再次，策划人要有超常思维、系统思维、科学思维、辩证思维等，这样才可能最大限度发挥其策划社会价值、艺术价值和商业价值。在此仅谈大型文体表演策划的作用：

（一）策划使大型文体表演目标形成统一，避免盲目性

任何一台文体表演策划都有其艺术目标、社会目标和经济目标。必须将总体运行目标分解成一个个“小”目标，即具体可操作的工作任务。这些“小”目标应相互协调一致，并紧紧围绕着总体目标而展开，具有共同指向性。策划就是统筹谋划，实现各个“小”目标正确指向的最佳手段。依据目标原则进行策划活动，有利于使各级目标协调一致，从而有效避免其活动中的盲目性。

（二）策划有助于有效利用各方资源，减少浪费

主办方在进行策划时，除了要考虑策划目的外，还必须考虑资源状况。策划工作任务就是设法利用主办方的资源，带来尽可能多的实效，从而提高“三方”（社会、艺术、商业）价值。针对某种资源，进行精确策划，可以有效提高资源使用效率，避免浪费。资源不同，采取的策划方案也不同。

（三）策划活动可促使主办方和创作组有序开展创作、组织和排练工作

策划就是从零散而混乱的各项活动中，理出一套合理运行程序，有效实现大

型文体表演的运营目标。实施策划方案的过程实质上就是主办方和主创组的艺术经营管理过程。为了达到策划目的，主办方必须遵循方案设定工作路线，从而保证主创组的经营活动系统而有序进行。

（四）策划是竞争者制胜关键

当代市场竞争风云变幻，要想从众多竞争者中脱颖而出，赢得先机，就必须借助于策划。如果做好充分策划准备工作，我们将处于不败之地。

（五）大型文体表演策划不仅能带来艺术享受，同时作为社会性创造活动还能带来良好社会效益和丰厚经济效益

总之，策划对大型文体表演活动来讲，是一种有效管理。策划能有效协调预定目标，避免盲目性，使经营行为系统而有序，有利于拓展创造性思维，提高各部门凝聚力。

四、总体表演方案策划

（一）确定总表演主题

总表演主题是整个表演的统帅，也就是大型文体表演要说明什么、展现什么，达到什么目的。拟定总表演主题是策划文体表演方案的第一步，在与主办方充分交流和阅读大量有关文件基础上，按主办方要求提炼出文体表演主题。文体表演主题是一种意识形态，它不能离开时代背景和具体情况而独立存在，表演主题提炼一定要尊重主办方意见，往往是主办方提出表演总主题，策划者帮助他们概括表演主题，使其更适合表达和用文体表演形式展示出来。不同性质文体表演主题有所区别，运动会表演主题主要是讲求体育和人文精神面貌；庆典表演主题讲求深厚文化底蕴和催生精神；商业活动表演主题注重大众文化和企业文化。有了表演主题所有节目策划都得围绕主题进行，不能偏离主题而单独存在。

（二）选择表演题材

在与主办方充分接触和实地考察后，掌握了大量信息，此时应该把可能用来

表演的题材全部列出，形成表演题材一览表。比如2008年奥运会开幕式，可以用来表演的题材太多了，在中华民族五千多年历史长河中有取之不尽的文化瑰宝，诸如开天辟地、嫦娥奔月、梁祝、教育思想、礼仪之邦，等等。罗列出全部表演题材后，要分析和理解每个题材的意义和代表性，为下一步工作打下基础。

大量表演题材摆在我们面前，该如何取舍？这就看题材是否合乎主题，有代表性、可看性和可操作性。能够体现主题的题材才能拿来表演。如2008年北京奥运会开幕式表演，上篇的主题是《灿烂文明》，编创团队选取了《画卷》《文字》《戏曲》《丝路》和《礼乐》五个最具代表性的内容作为表演题材，全面概括地展示了中华民族五千多年来悠久灿烂的历史文化。

（三）拟定表演场次与分场主题

表演场次无论多少，每个场次表演主题都要在总主题之下，用每个场次分场主题共同体现总主题。在大型文体表演中每个分场都有自己的表演主题，分场主题一定要在总表演主题框架下进行，分场主题要紧扣总主题，不能离开总主题要求而独立开展。

比如某区县运动会总主题是立志改革、发展经济和提高人们生活质量，创造更加辉煌的成绩。那么表演分场次可以是：第一场表现轰轰烈烈的政治和经济建设场面；第二场表现美丽热土和良好投资环境；第三场表现和谐氛围和体育精神；第四场表现奋发向上精神面貌。无论如何拟定表演场次，场次与场次之间一定要有逻辑关系，做到思路连贯，不能跳跃太大。每个表演分场次可以是一个表演内容也可以是多个表演内容，比如表现良好投资环境就可以策划绿色山水表演、红色花朵表演和金色凤凰表演来体现主题。

在大、中、小型文体表演中，表演场次有一定区别。大型文体表演场次一般由序、四或五个分场次、尾声构成；中型文体表演一般由序、三个分场次构成；小型文体表演一般只有两个分场次或一个场次构成。每个分场次表演内容要统一，表演题材与所表达意思逻辑上要一致。

（四）拟定表演规模

1. 拟定表演时间

文体表演一般按大型、中型和小型进行策划，大型文体表演时间约70分钟，中型文体表演时间约 45 分钟，小型文体表演时间约 12 分钟。表演时间长度一般按表演级别确定，省市级以上策划成大型表演，县市级或重要单位表演策划成中型表演，一般单位活动策划成小型表演。当然，在时间长度安排上还要考虑具体情况，这要根据表演单位具体要求而定。但在策划过程中可以向表演单位提出合乎规律的建议。

2. 拟定表演人数

（1）拟定总表演人数

大型文体表演人数界定在 3000 人以上，中型文体表演人数界定在 1500～3000 人，而小型表演人数是几十人至几百人之内。总表演人数要根据各种情况来确定，表演单位可用人数和经费预算都关系到总表演人数多少。安排总人数不能比可用人数多，经费不足情况下也不能安排太多表演人员。拟定文体表演总人数在策划活动中这一步仅仅是大体上人数，而不是精确表演人数，精确表演人数要等到详细的表演队形制作后才知道。

（2）拟定各表演场次人数

总的说来在大型文体表演中各表演场次站点人数是平均的，当然，根据表演需要或者具体情况限制（如女生不够）或者是道具长度（如大彩旗），有些场次人数可以不一样。另外，在每一场次表演中除了站点演员外可能还有其他特殊才能演员，这部分人数根据情况而定。在文体表演中站点人数一般都是双数，横排数和纵路也是双数，这样有利于表演中队形变化对称性。

（3）表演部门人数的考虑

大型文体表演是很多人的表演，往往一个部门（比如一个学校）不够一个场次的表演人数，就要用几个部门。如果是两个部门，最好是一个部门出一半人；如果是三个部门最好是能多出一些表演人的部门排在表演区中间，其他两个部门排在表演区两边，这有利于表演队形设计和方便训练。根据表演人数要求，各表演部门人数也应该是双数，而且还应该安排每个表演部门的人成双数路站位，这样就避免队形变化中不同部门人员交叉太多不利于训练。

（五）拟定表演氛围

氛围营造在大型文体表演中是不可缺少的，它能起到烘托表演效果和激发观众热情的作用。在氛围营造策划过程中，要充分了解文体表演的各种情况，包括制作能力、是否能买得到等，有时候想象得很好，但办不到也就没用，所以要根据实际情况去设想。夜间表演氛围营造内容和手法较为丰富，可以大量采用灯光、焰火、激光、多媒体等各种效果；白天表演氛围营造内容和手法受到较大限制，目前一般采用冷焰火、礼花彩纸、烟雾墙、气球、放飞和平鸽等。氛围营造的时机要恰到好处，通过表演铺垫把表演情感和观众热情推到一定程度，把表演场面和观众情绪推向高潮，达到最佳表演效果。

1. 表演区内氛围营造

大型文体表演中表演区内氛围营造主要用在大型道具出现时。为了烘托大型道具表演效果和观众对大型道具关注度，可以用渲染手法将大型道具呈现在观众眼前。比如用冷焰火燃烧，用气球覆盖着、表演时放飞气球，大型道具上喷射礼花彩纸或发出夺目炫光等。就是用出奇的办法渲染表演效果给观众留下深刻印象。具体采用什么内容来渲染大型道具就得看大型道具内容，用适合大型道具的表现手法展示它、烘托它，提炼大型道具表演主题。火苗也是表演区氛围营造的一种极好手段，表演到激昂时，在演员热情舞蹈中，让火苗随着音乐节奏强劲喷射，肯定会达到渲染表演场面的效果。在表演区里用干冰也能起到很好的表演效果，可以根据表演意境需要采用烟雾效果。

2. 表演区周围氛围营造

表演区周围氛围营造能够加强表演氛围和突出表演效果。在表演场地周围可以装扮高空气球、气球链、鲜花、彩旗等，这些常常由主办单位安排，但策划者可以根据大型文体表演内容向他们提出合理建议，从布置位置到用品多少和颜色主基调都要考虑。在氛围营造中还有一个主要内容就是大型文体表演背景，根据经费情况策划不同背景表演形式，或者不要背景。目前背景大概有以下几种：巨型电视墙（LED）、翻本背景、PVC 印刷彩幅背景、各种灯光和焰火、演员手持简单道具表演背景等。在策划中用什么方式进行气氛营造，就得看具体情况，在可行范围内选用符合表演主题、最能烘托表演气氛、当地少见或没见过的氛围营造手法。

3. 尾声表演氛围营造

尾声表演往往是整个表演的总结，是表演的最高潮，尾声表演往往需要强烈氛围营造来达到表演效果，把表演推向顶点。晚上表演可以用焰火、灯光等效果来营造表演气氛，而白天表演可以用各种各样礼花炮、红衣大炮、多彩烟雾墙、放飞气球、放飞和平鸽等进行表演渲染。此部分策划大多都采用大效果和大手笔，用各种氛围营造手段极力推动表演场面，为整个表演画上漂亮的句号。

（六）撰写演出总体方案策划书

1. 演出总体方案策划书

（1）演出总体方案策划书写作结构与要点：

① 表演名称

② 表演时间及地点

③ 指导思想

④ 基本结构框架

⑤ 场地设计要求

⑥ 特殊要求

（2）例：《香港回归方案》策划书

◎ 首都人民庆祝香港回归大会文艺晚会方案（讨论稿）

一、名称：欢庆香港回归

二、时间及地点

时间：1997年7月1日　20：00～22：00

地点：北京工人体育场

三、指导思想

突出展现中华民族历经百年沧桑，不屈不挠、英勇斗争之志；突出表现全国人民欢庆回归，洗血百年耻辱的喜悦及真挚的爱国之心；突出表现海内外中华儿女实行一国两制，维护和平统一，实现祖国繁荣昌盛，迎接新世纪的炽热之情。

总体要求：庄严、隆重、热烈、欢庆，具有政治性、民族性、艺术性和可行性。

四、基本结构框架

1. 表演前

（1）场地设计：背景台的长城、黄河、雄狮、华表气势磅礴雄伟壮观；编钟、古都、浑厚古朴，展示了中华民族文化底蕴；茉莉花、牡丹花，繁花似锦，争奇斗艳；草坪上，场景造型，各具特色；灯光变幻，光彩夺目，晶莹的红灯笼点缀其中，更添颜色；整个场景庄严大方，雄伟而有气魄。

（2）主席台悬挂“首都人民欢庆香港回归庆祝大会”的横幅，布置庄严、隆重，具有时代性、民族性，欢庆色彩浓。

（3）19：45，千人的交响（中国交响与乐团、北京交响乐团、中央芭蕾舞剧院乐团、中央民族乐团、中央广播民族乐团、金帆、银帆乐团共计千人）与万人的合唱开始，《歌唱祖国》的歌声响彻云霄，气势宏伟，排山倒海，八万人挥动着国旗、港旗，群情激昂，欢呼声此起彼伏，依次拉开庆典活动的序幕，展现出欢庆回归的恢弘气势。

（4）20：00 宣布大会开始，奏国歌、鸣礼炮，全场欢呼。烟火释放，五彩缤纷，展现国家级庆典活动的规格和壮观。

2. 序：天涯共此时

上千名青少年手持多彩气球从四面八方涌进体育场，他们将手中的气球放飞升腾后在花丛中翩翩起舞，最后用人体组成一巨大的红纱灯，同时背景台出现由江总书记亲笔为晚会题写的“欢庆香港回归”六个金色大字。然后将时间倒回去，引出百年抗战……。

3. 第一篇《火》——血火祭百年

（1）血与火的年代

突然，炮声隆隆，硝烟弥漫，空中出现炮弹飞奔的弹痕，“1840”几个用火焰组成的火字在熊熊燃烧。背景台出现“长城坍塌，南京条约、北京条约”等不平等的字样，场地中央表演者一身红色进行表演，全场成为一个巨大的火海。

（2）历史的印记

天安门前人民英雄纪念碑的再现，用真实演员扮演的雕像开始表演，他们挣扎、苦斗又化作历史雕像印在人们心中。背景台圆明园残垣断壁，一个少女在雕像前呼叫着祖国，呼叫着母亲。火海中在一根石柱下面，一个孩子艰难地爬行着：“这还是我的家吗？”

（3）用血肉铸成新的长城：火海中出现男性抗争的动作，不屈不挠的中华男儿，用他们的身躯与生命奏出一曲斗争的凯歌。

4. 第二篇《水》——归帆踏浪来

（1）白豚归大海

浩瀚无边的水声响彻广场。瞬间，满场都是“水”，一片蔚蓝。闪闪发光的蓝绸，如长江流淌。无数个“白豚”从“外海”归来。

（2）东方明珠

舞蹈、音乐和诗朗诵表达分离与思归的心情，世纪之交，香港终于回到祖国的怀抱，多少离散的亲人“回家了”！

（3）海上升明月：一条由紫荆花装饰成的龙船，在众女划船手的围拢下，行至水中央。由船上歌唱家和歌手领唱，千人合唱“明月出水面”构成一个世纪交响。就在这首歌的高潮中，一轮明月缓缓升出海面。背景台出现邓小平和撒切尔夫人握手的场面，之后出现“香港明天会更美好”的祝愿。

5. 第三篇《土》——情满五色土

（1）欢庆鼓舞迎回归

突然春雷般的鼓声响起。灯光大亮，气势浩大的锣鼓队出现在广场上。长鼓、太平鼓、腰鼓、手鼓等来往穿梭，边打边跳，表达亿万人民的欢乐心情。

（2）扇子舞

各种规格五色的扇子，在鼓声的伴奏下，此起彼伏形成各种画面，令人想到五色土的社稷坛，象征着全世界华人团聚在五色土上。

（3）亲人归来：没有音乐，一个香港人手捧一盘红土，在香港区旗的陪伴下出现在体育场的跑道上，他所到之处，人群立即散开，给他让出一条道。香港人跑到主席台五色土社稷坛，把这盘香港的红土洒在松柏花盆里。

6. 尾声：世纪钟声

随着港人洒下红土，突然钟声响起，广场上出现鲜红的五星红旗，顿时化作国徽，再度出现时，它已是铺天盖地。天空礼花齐放，广场周围紫荆花火焰不断燃放。所有的演员一齐涌向广场，不停地向一个方向涌动。他们与观众共度这激动人心的时刻。

五、场地设计要求

1. 背景台采用传统翻板与现代灯光、焰火相结合的方法，必要时翻板可采用半立体、半浮雕及流动的方式，以长城、壶口瀑布、香港市容、邓小平形象等恢宏的庆典场景真正起到画龙点睛及烘托的作用。

2. 采用中心舞台和中央场地表演相结合的方式。

六、特殊要求

1. 为了展现艺术队伍的力量，要在现场设一千人的交响乐队和万人合唱团，他们集中在两个专用台上，在“序”前表演。

2. 为了突出大团圆，此次表演拟请香港、美国演艺界刘诗昆、吕思清等艺术家参加主持与表演。

2. 舞台设计草图

（1）构思准备阶段

舞美设计先仔细阅读演出总体方案，在脑海中萌发出对未来演出场景的构想，再根据演出场地的具体情况和场地大小进行舞台设计草图的构思。再将构思好的初步想法与总导演交流磋商，基本观念达成一致后，再开始具体舞台设计草图的设计。

（2）绘制阶段

草图，是设计者将构思好的设计意向以及对将来演出时的造型处理用图像呈现出来。舞台设计草图的绘制是把设计者头脑中想象的舞台结构形式通过手绘或电脑绘图的手法转化成现实的、直观的物质视觉形象，体现出设计者对表演舞台基本样式的构思（图7－2－1、7－2－2）。

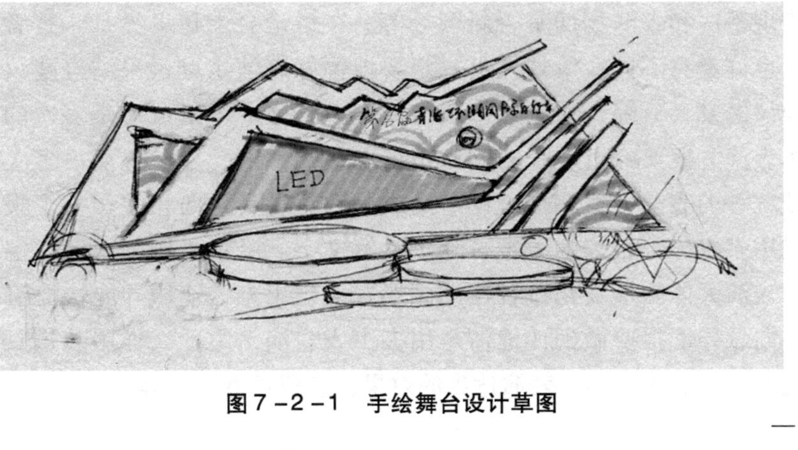

图7－2－1　手绘舞台设计草图

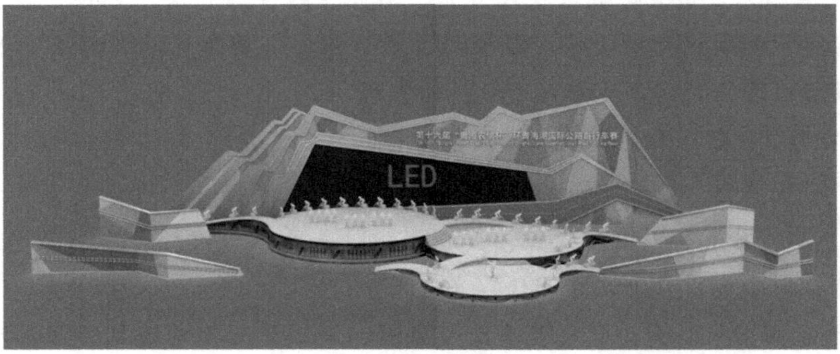

图 7－2－2　电脑绘制舞台设计效果草图

（3）讨论与修改

舞美设计把绘制好的舞台设计草图拿给核心导演组审看，讨论并广泛听取大家意见后进行进一步的调整与修改。

（七）汇报和确定表演方案

1. 汇报表演方案

表演方案，要经过多次讨论、修改才能最终完善，要在主办单位确定之后才能实施。一般都是主办方组织有关人员一起对表演方案初稿进行讨论和研究，看表演方案是否能表达主办方想要表达的活动主旨和主要内容，以及表演方案是否可行、表现手法和表演场面是否新颖等等。在讨论会上仁者见仁，智者见智，每个人意见也许都有不同，策划人员一定要把握好表演主题，采纳好建议，思考和放置有异议的发言，综合讨论后修改表演方案。这个讨论可能是多次的，尤其是大型文体表演方案要经过较长时间来论证和多次修改，往往重复很多次才能形成一个比较统一的表演方案。在讨论组形成一致意见后再向相关领导汇报。策划人员一般采用多媒体汇报表演方案，除了讲解文字、展示主题队形图案图片外，最好把整个表演大体队形变化过程用动画形式表现出来，让领导能快捷清晰理解表演意图。向领导汇报要做到让他清楚用多少人表演，用什么样服装道具，用什么风格主题音乐，表演内容，表演达到的效果，经费预算，等等。

2. 确定表演方案

整个表演方案应该由主办方领导来确定。领导听完汇报后也许会提出再次修改意见，此时策划人员就得根据他们的意图修改表演方案，再一次用大型文体表演艺术手段来表现和展示他们的意图，尽量把领导意图艺术化，使得表演手法贴近大众，符合文体表演逻辑。主办方通过表演方案后才可以进行大型文体表演详细创编，包括准确的表演音乐、表演队形和表演动作。

五、具体节目方案策划

（一）设计主题表演队形

队形图案是大型文体表演中最精彩和最能说明表演主题的手段和方法，每个表演场次都应该有本部分主题队形。策划表演主题队形可以这样考虑：表现和平主题可以用和平鸽图案；表现体育精神的主题可以用奥运五环图案；表现事业欣欣向荣的主题可以用一个巨大花朵图案；表现各行各业可以用各行各业徽标作为主题队形图案；表现某种精神和意志品质可以用简练文字为主题队形图案，如“奋进”“快乐”等；表现地方特色可以用具有地方特征的，如地图、风景名胜、花朵和实物形象等；有影响力的地名、货币名等也是主题队形图案选择之一。在策划主题表演队形时一定要找到最能表达本场次主题的队形，而且还要有可操作性，根据各种情况预测表演效果，如果不好表演的队形就不要采用，或者简化队形图案线条和颜色再应用。表演各场次主题队形、形式和风格也应该不同，文字队形、图案队形和一般队形应穿插结合使用。

（二）拟定表演音乐

1. 确定表演配乐方式

大型文体表演音乐有作曲和编曲两种形式，策划人员可以向主办单位提出要求，有经费就作曲，经费不足就用现成音乐剪辑或者两者结合进行编曲。大型表演多用作曲的形式，中小型表演多用现成音乐剪接编曲的形式。在以往，文体表演往往要求表演音乐节拍完整，这样虽然有利于演员对音乐掌握，但不利于音乐家在创作音乐时情感流露，大大降低了音乐艺术性。现在大型文体表演可以根据音乐情绪进行队形设计和动作创编，有利于表演场面与表演音乐无缝连接，相互交融。如果选择了作曲的音乐创作形式，策划人员就得考虑好音乐有关要求，比如音乐风格、情绪、拍子和大约速度等，与音乐家相互沟通，制作音乐小样讨论后制作成表演音乐。

2. 选定符合表演主题的音乐

在大型文体表演中音乐是演员唯一的指挥，也是文体表演的灵魂，音乐策划成功了，整个表演也就成功了一半。表演音乐一定要符合表演主题，策划音乐时要注意，让每个场次表演音乐风格有较大区别。另外，整个表演音乐也要做到高低起伏，音乐情绪错落有致，不能整个表演都是一种风格音乐，在音乐和歌曲选择上最好也让两者交替出现，不要歌曲接歌曲。以气势庞大的音乐开头是常用手法，但以娓娓动听的音乐开头也是一种选择，只要做到有艺术性能感染人就行。大型文体表演尾声部分音乐大多数情况下都选用气势恢宏的乐曲或歌曲。

（三）拟定表演服装和道具

1. 拟定表演服装

（1）选定服装大体式样

服装式样是体现表演主题的一个重要部分，表演服装式样在整个表演中起到承载表演风格和特定氛围作用。在文体表演策划阶段仅仅考虑好表演服装大体式样就可以了，具体式样等到服装设计阶段再认真考虑。服装式样策划要考虑以下几个因素：

①表现某段历史氛围，表演服装式样一定要符合历史时期特点。

②表现青春活力风格，服装式样一定要合乎年轻人的时尚。

③不同文化有不同服装式样。

④各民族各地区有不同服装文化。

⑤不同年龄阶段有不同服装式样。

⑥不同体育项目有不同服装式样。

⑦白天表演和晚上表演服装式样也不同，等等。

(2) 选定服装主体颜色

服装颜色要根据表演风格和表演主题而定，一般表现大自然和春天的以绿色为主体；表现火焰和革命以红色为主体；表现圣洁和纯净以白色为主体；表现蓝天和大海以蓝色为主体；表现科技与时尚以银色为主体等。

2. 拟定表演道具

(1) 选定表演道具形状

在大型文体表演中道具最能体现表演主题、表演风格和展示表演效果。在表演道具策划中需要考虑的问题很多，归纳起来主要有以下几点：

①常用道具选用：花球、花束、彩球等“点”状道具有利于表现青春活力；扇子和花条等道具对体现表演场面鲜亮和组成各种各样花朵造型较好；雨伞、旗子等“面”状道具能表现场面的流畅，组字图案很清晰等等。

②拼图道具使用：大型文体表演是由很多人一起共同完成的表演，我们在策划中可以考虑用人手一个小道具通过巧妙方法组成一个巨大图像。每个人的道具设计有不同要求，在表演中同时或依次亮出道具某一面就能拼出需要的图案。拼图道具表演的运用，能使表演场面突变、画面迅速变化，具有非常好的表演效果。

③地方特色道具使用：地方特色道具最能表现地方特色，这一点是大型文体表演策划中要着力关注的。地方特色道具可以是动物、植物，或是特色服装、乐器、兵器、生活器具等等。比如四川熊猫，香港紫荆花，洛阳牡丹，等等。地方特色道具一定要在充分了解地方特色基础上去选用，选出符合当地最具代表性的。地方特色道具是表现地方特色的最好道具，比如在中国可以选用中国结、熊猫、龙等。地方特色道具在表演中带有强烈的地方色彩，观众一看就知道，在其他地方一般不能用来表演。

④高科技道具使用：随着社会发展，各种各样高科技产品层出不穷，有许多用在大型文体表演中表演效果相当好。在策划中我们要充分利用高科技产品，如冷焰火、LED 灯、激光等。在晚上表演更要采用高科技产品，利用能发光产品加强表演道具效果，如用荧光粉来渲染表演道具面、用 LED 灯来勾勒道具形状、用喷射冷焰火来表现队形图案。

⑤大型道具选用：大型道具在文体表演中必不可少，它能起到主心骨作用，尤其是在表演尾声部分，大型道具能统帅整个表演场面，让表演场面有观众视野

重点，更能烘托表演氛围和主题。大型表演道具策划可以考虑选择最具代表性的实物模型，如奥运五环、运动会吉祥物、国家或地区标志性形象或造型、最具代表性的语句和大型的彩车、船、鼓等。比如可根据地方特色策划不同效果的大彩车，彩车上可以展示辉煌成就，或让有影响力的演员在彩车上唱歌跳舞；或一群演员在一个巨大的鼓上舞蹈击鼓，带领几千名演员共同起舞，营造出震撼人心的表演场面。

（2）选定表演道具颜色

在大型文体表演中表演道具颜色是整个表演的主体色调。在有道具的情况下，道具颜色是主体色彩，服装颜色仅仅是陪衬，起到使表演场面整齐、烘托协调道具颜色的作用。不同道具用不同的色彩，我们可以根据表演主题、表演风格和整场表演色彩逻辑进行道具颜色选配。

（3）表演服装道具色调安排

大型文体表演服装道具颜色要符合观众情感和心理感受，就是要按照色彩规律和审美规律进行策划，一般让暖色调和冷色调交替出现，不能让同样色调连续出现在相邻表演场次中。各种色调交替出现有利于观众观看，从视觉角度给观众一种舒适感。在表演中服装道具的色调搭配有多种方案，例如：

方案①：

第一部分红色或黄色为主色调，第二部分绿色或蓝色为主色调，第三部分白色为主色调，第四部分红色或黄色为主色调。

方案②：

第一部分绿色或蓝色为主色调，第二部分红色或黄色为主色调，第三部分白色或黑色为主色调，第四部分红色或黄色为主色调。

（四）撰写具体节目策划书

由具体节目编导根据总体方案策划书和总导演的要求进行构思与编创，拟写具体节目策划方案。

1. 具体节目策划书写作结构与要点

（1）作品名

（2）形式

（3）演员

（4）时长

（5）音乐

（6）服装

（7）道具

（8）节目阐述

（9）作品结构

（10）特殊要求

2. 例：第 11 届全非运动会开幕式表演《体育颂》策划方案

◎ 第 11 届全非运动会开幕式表演《体育颂》策划方案

一、作品名：《体育颂》

二、形式：舞蹈、诗歌朗诵

三、演员：1200 人（以大学生为主，男女比例最好均衡）

四、时长：10 分钟

五、音乐

1. 进场：以本届非运会会歌为主旋律的背景音乐。

2. 第一部分：类似曲目《Sexy》Mohombi 刚果/瑞典新人歌手的音乐

3. 过渡部分：以本届非运会会歌为主旋律创作的音乐，着重体现体育精神。

4. 第二部分：非洲东、北、中、南、西五个地区不同特色的音乐。

5. 第三部分：背景音乐为表现刚果河蜿蜒流动的舒缓音乐，并配有法语版《体育颂》的朗读。

6. 第四部分：本届非运会会歌。

六、服装：根据非洲东、北、中、南、西五个地区的民族服装设计的表演服装，颜色分别为红、黄、蓝、绿、黑（黑白结合），既代表非洲五个地区，也象征奥运五环的颜色。

七、道具

1. 旗浪道具：长彩绸 24 条，每条 1.5 米宽、50 米长，正面印本届运动会会旗图案，背面印本届运动会会徽图案。

2. 充气吉祥物6个。

3. 可行驶带轮独木舟1个。

4. 发光手持灯800个（分别为红、黄、蓝、绿、白五种颜色，各160个）。

八、节目阐述：以顾拜旦于1912年斯德哥尔摩第五届奥林匹克运动会上发表的散文诗《体育颂》的朗诵及伴随其优美的运动类音乐旋律为主要背景，通过不同形式的队形及动作变换表现刚果（布）人民与非洲各国人民追求正义、勇气、荣誉、健康、进步和注重友谊的美好梦想。

九、主要元素：健康活力的非洲青年，奥运五环，非洲地图，跨越50年的独木舟，非运会会旗、会徽。

十、作品结构

1. 进场：充气吉祥物布置在场地四周，参演人员800人随着背景音乐跑步进入场地成散点队形（横排32人，纵排25人）。

预备：800人分成两组站在表演区两侧边线处预备位置。

入场：分两组从两边进入表演区成散点队形。

动作：略

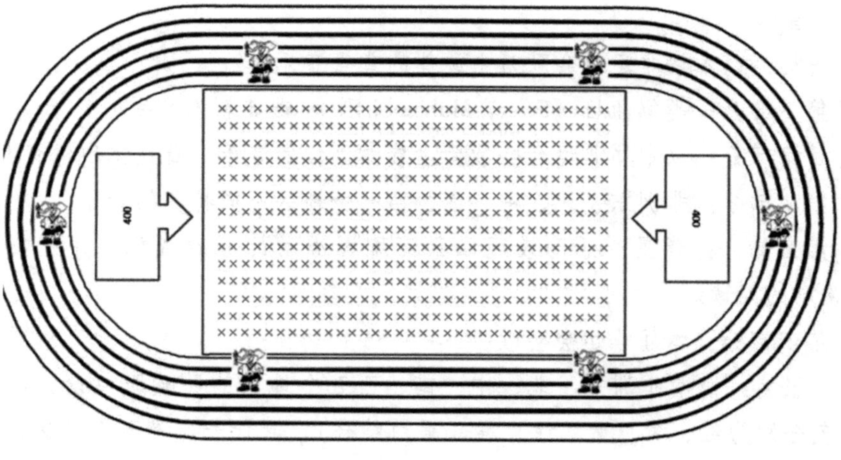

2. 第一部分：非洲青年热情欢快的集体舞蹈。

舞段介绍：舞蹈选用富有激情的现代舞动作为主要元素，并结合非洲民间舞蹈的摆动和起伏律动，表现了刚果（布）人民和非洲各国人民积极向上、热情乐观的精神面貌。

动作：略

3. 过渡部分：演员跑步组成奥运五环的图案，到位后打开手中的五色小灯并挥动。

4. 第二部分：随着非洲特色音乐旋律的转换演员迅速跑步组成非洲地图（地图分为5个区域），演员按五个地区开亮不同颜色的彩灯。一组一组分别展示非洲东、北、中、南、西五个地区不同特色的表演，最后再集体共舞。

第一组：东非舞蹈

舞段介绍：在东部非洲的坦桑尼亚、肯尼亚、乌干达等国家，人们喜爱跳一种称之为“砍刀舞”的舞蹈。在一阵阵激昂的“哒哒、哒哒哒”的鼓声中，数名武士装扮的男青年登台表演，他们腰系兽皮，脚缠铃铛，迈着急速矫健的舞步，剧烈抖动黝黑发亮的身躯，手中闪闪发光的砍刀左挥右劈，舞台发出有节奏的沉闷响声，恰似猛虎下山，犹如雄狮出林，观众屏息凝视，仿佛置身于奋勇杀敌的疆场。这种充满生机的舞蹈气氛令人倾倒，使人振奋。

动作：略

第二组：北非舞蹈

舞段介绍：北部非洲的居民喜爱跳富于阿拉伯风格的舞蹈。这种融西亚和非洲地区文化和生活习惯的阿拉伯舞蹈轻松舒展，热情奔放，活泼欢快，但舞蹈动作难度较大，而且多要用名叫安达鲁西的音乐伴奏。男性舞蹈者动作刚劲有力，下肢和脚部频频踏跺，发出阵阵宏亮的响声；女性舞蹈者突出上肢和腰部的动作，犹如轻云薄雾，柔软多情，频频向观众妩媚动人地微笑，引得观众中爆发出阵阵雷鸣般的掌声。

动作：略

第三组：南非舞蹈

舞段介绍：在南非，人民奔放的热情和快乐无处不在，处处有机会看到非洲舞蹈。南非人性格豪放、热爱舞蹈，他们舞姿优美、节奏明快，女者舞蹈排成一字形，轮流出来踢腿、扭腰、摆胸、挥肩，男子多持长矛、盾牌，戴羽毛，随着鼓声起舞。

动作：略

第四组：中非舞蹈（以刚果舞蹈为例）

舞段介绍：舞蹈是刚果文化的重要组成部分，刚果人在丰收、征战、婚嫁、生死等宗教仪式和节日，都以舞蹈来抒发感情或表达他们对未来的憧憬。因地区、部族的自然环境和生活习俗的不同，刚果舞蹈形式和风格也各异，但大体可分为北方舞蹈 和南方舞蹈两大类。

北方舞蹈节奏轻快、热情、舞姿多变，动作技巧主要表现在 肩部和舞步上；南方舞蹈主要表现在腰部的转动，节奏明快，舞姿柔缓轻盈。而南北舞蹈又有许多相同之处，如：男女舞者腰部的转动和由腰部延续到胯、膝、脚、肋、胸、肩、头、手各部位的动律，就是全刚果舞蹈共有的技巧，也是形成刚果舞蹈独特风格的主要特征。

动作：略

第五组：西非舞蹈

舞段介绍：西非舞蹈主以鼓舞为主，一边击鼓、一边歌舞，在鼓声中高歌起舞。

动作：略

第六组：非洲五个地区集体舞蹈

舞段介绍：由非洲东、北、中、南、西五个地区的舞者共同起舞，共同体现非洲整体的文化艺术。

动作：略

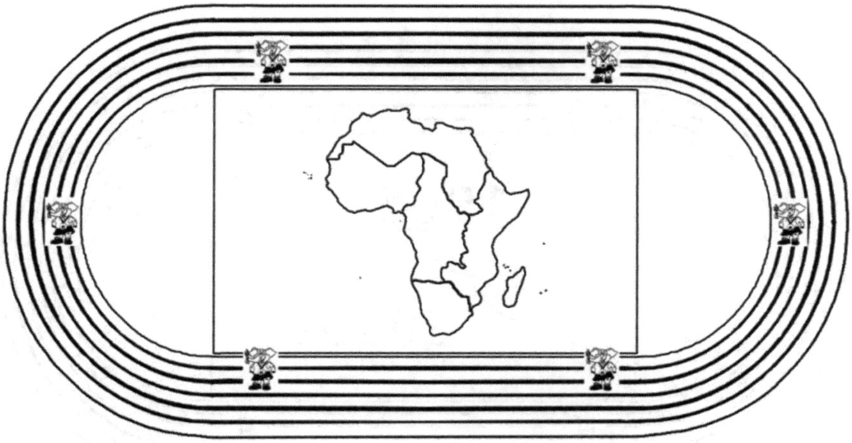

5. 第三部分：在《体育颂》的朗读声中，非洲地图内组成1965的字样。一个独木舟载着朗诵者从非洲地图中行驶而来，沿着蜿蜒的刚果河缓缓而下。除了组字的演员，其余演员随着独木舟的路线流动组成刚果河，运用手中的彩色小灯挥舞成星光斑斓的多彩浪花。随着朗读声的结束，独木舟最终到达由演员组成的2015字样。象征着在顾拜旦的提议下，全非运动会历经50年，自1965年第1届在刚果（布）举办，50年后第11届又再次回到刚果（布）拉开帷幕。

图案1：

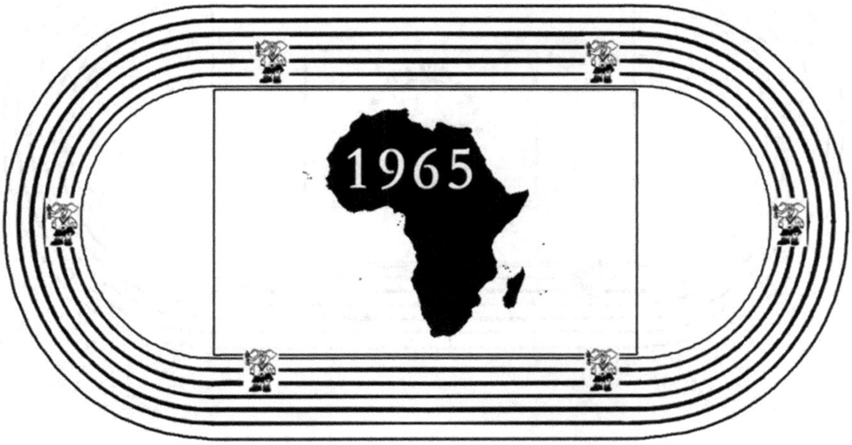

图案 2

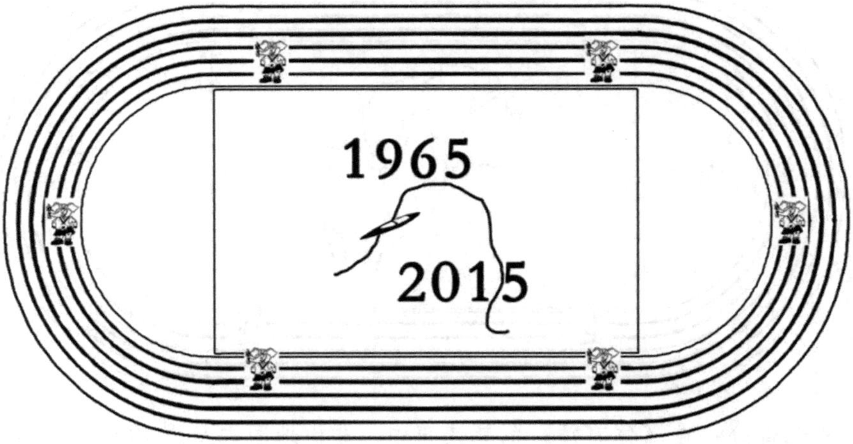

6. 第四部分：场内演员散开跑成散点队形，体育场两侧由 100 人手拿旗浪道具跑入场中，在会歌的音乐伴奏下全体演员展开会旗表演旗浪，在翻浪中巨大的会旗瞬间又变成会徽图案。

会旗图案：

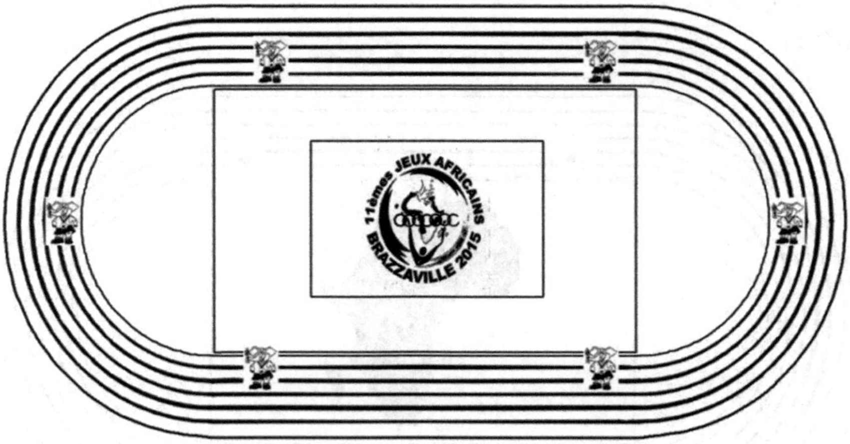

会徽图案：

7. 退场：所有演员从场地四角分别跑步退场。

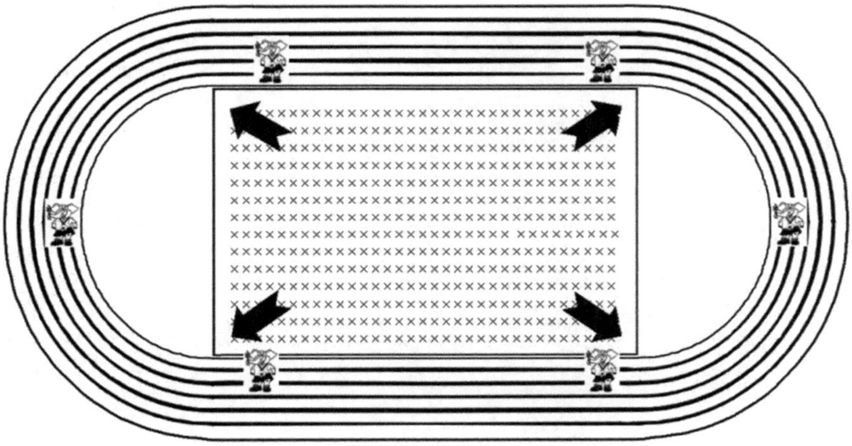

（五）设计具体节目草案

各部门根据具体节目编导提出的节目策划方案提出相应的设计和草案。

1. 作词作曲先创作音乐。
2. 道具组按照策划方案设计并制作道具小样。
3. 服装设计提出服装设计方案。

思考题

1. 组委会的职能有哪些？
2. 进行实地考察的任务有哪些？
3. 什么是策划？
4. 大型文体表演策划的特点有哪些？
5. 大型文体表演策划的作用有哪些？
6. 如何策划总体表演方案？
7. 演出总体方案策划书该如何撰写？
8. 如何策划具体节目方案？
9. 具体节目方案策划书该如何撰写？

第八章
排练与合成

第一节 排 练

排练是具体实施表演方案阶段，是把策划、构思、设计内容变为实质性工作阶段，也是大型文体表演活动编排的核心阶段，这一阶段工作进行得好坏，直接关系到整个表演活动效果。

排练阶段是排演工作的重要环节，是把创编人员的创编内容、构思变为现实的实质性工作阶段。排练阶段工作能否顺利进行，将直接影响文体表演活动演出效果。这一阶段的时间较长，整个过程都应认真研究方案，努力实施方案。

在正式对表演人员进行排练之前要制定出总体排练计划和各场的排练计划，并详细安排进度。应依据表演总体方案、各场表演段落内容和动作队形难易程度，以及从开始排练到正式演出的可训练时间来合理制订排练计划。

一、排练阶段的任务

排练阶段主要任务有以下三个方面：

①严格按照排练计划，有步骤地对全体表演者进行训练，在排练过程中及时归纳总结经验教训，为排练工作有效推进提供借鉴。同时，不失时机做好表演人

员思想动员工作，充分调动其排练积极性。

②根据表演主题，有针对性地培训表演团队中骨干人员，充分发挥骨干人员传帮带作用，推动排练工作高效、有序进行。

③通过排练，使全体表演人员（包括候补人员）熟练掌握表演活动全部内容。按照职责分工做好后勤保障，以保证排练工作正常进行。

二、制定排练计划

排练工作常常是牵一发而动全身，因此制订严密、科学的工作计划就显得尤为重要，它也是保障演出工作成功的关键。制订工作计划要从整体出发，系统安排好各个阶段内容和任务，做到切实可行，行之有效，并且要留有充分余地，以保证局部意外事件不会影响到整个排练进程，确保演出工作顺利进行。

（一）确定表演单位和参演人员

1. 确定表演单位

表演单位的确定应根据表演内容、方案需要和表演规模、场次、经费情况等予以统筹考虑。

（1）应尽可能选择有一定表演经验、表演水平的单位，并且要全面了解可能承接任务的单位领导、教练、场地条件、人数、风纪等方面的情况。

①领导方面：领导要对承接的任务有积极态度；具体领导人要有工作魄力，并有权把此次文体表演活动纳入正常工作中。

②教练方面：要有工作责任心、文体活动教学能力，并且具有较强的组织能力。

③场地方面：训练场地是选定表演单位的重要条件之一。尽可能选择有训练场地且场地较大的表演单位，以利于训练工作有效进行。此外，还要了解是否有风雨天时可供训练的场地，以及是否影响该单位正常文体活动。

④人数方面：要确定承接任务单位具备参加表演人数的要求，包括一定数量候补人员。有些表演活动需要有演员性别要求，所以也要认真了解该单位是否具备条件。

⑤风纪方面：承接任务单位平时作风纪律要好，这是顺利完成表演任务的有力保障。

（2）每一场的表演单位不宜太多，应尽可能选择靠近表演场地的单位，并把邻近单位编在同一场表演内，以便于单独训练。

（3）最好选择与文体表演活动主办单位有直属关系的单位，以便直接领导，统筹安排活动。不是直属单位，则应注意解决领导层次问题。例如省级举办活动，最好选择省属表演单位和团体。

（4）从经费开支考虑，可选定某些有能力自行解决一部分训练补助和设备条件等的单位。

（5）尽可能邀请有成熟节目和表演经历的单位参加演出，演出方案可根据表演要求加以修改。

（6）为了促进群体表演活动开展，充分发挥地方基层单位积极性，还可以指定某地区、某单位参加表演。

2. 确定表演人员

（1）表演人员条件

确定表演单位同时还应根据表演需要提出表演人员年龄、性别、身高、健康状况、体育和艺术表演基础、思想作风、组织纪律等方面条件要求。例如：确定学校表演人员条件时，要表现青少年热爱生活的表演主题，选择高年级小学生表演为宜；表现幼儿天真活泼的表演主题，选择幼儿园或低年级小学生较合适。

（2）表演人员数量

表演人数的确定，应从实际出发，根据表演主题、任务的需要及承担表演的单位具体情况去确定，还应按一定比例确定候补人员，以备出现特殊情况时替补。候补人员训练应与正式表演人员一致。例如：以学校为表演单位确定表演人员数量时，要注意综合考虑可供挑选的班级数量和每班人数，尽量以班为单位确定表演人员，并从中选择候补人员一并参加训练。

（二）制订排练工作计划

由导演组根据参加表演的单位、人员、时间和场地等情况，制订出详细的排练计划（表 8－1－1），并制成日程表通知发放到各单位负责人和各具体节目编导手里。

例：2012 年首届全国体育院系学生体育艺术节开幕式表演《五色畅想》暑期排练表

表：8－1－1　排练工作计划表

《五色畅想》暑期排练表

时间	节目	人员	地点	编导
8 月 1 日～10 日	第五章　炫舞激情 第四章　爵士舞	舞蹈专业学生 24 人	四层舞蹈教室	冯爱云 姚远
	第五章　武魂	武术专业学生 24 人	武术馆	赵庆建
8 月 11 日～15 日	第一章　春	舞蹈专业学生 24 人	四层舞蹈教室	王锦
	第一章　开元	武术专业学生 24 人	武术馆	杨静
8 月 16 日～20 日	第二章　裙角飞扬	舞蹈专业学生 24 人	四层舞蹈教室	王梓霏
	第三章　雨中情	武术专业学生 24 人	武术馆	李凤梅
8 月 21 日	序幕　艺术体操	艺术体操专业学生 5 人	艺术体操馆	高扬、朱丹、张洋、王锦
	第一章　春	舞蹈专业学生 24 人	游泳馆舞蹈教室	王锦
	第一章　开元	武术专业学生 24 人	武术馆	杨静
	第二章　健美操	健美操专业学生 16 人	体操馆	王美
	第五章　拉丁舞	拉丁舞专业学生 20 人	四层舞蹈教室	陈灿
	第四章　爵士舞	舞蹈专业学生 24 人	游泳馆舞蹈教室	姚远
8 月 22 日	第三章　华尔兹	摩登舞专业学生 16 人	体操馆	王桂琴 王克
	第三章　雨中情	武术专业学生 24 人	武术馆	李凤梅
	第四章　街舞	拉丁舞专业学生 24 人	四层舞蹈教室	王莹
	第五章　艺术体操	艺术体操专业学生 14 人	艺术体操馆	高扬、朱丹、张洋
	第五章　武魂	武术专业学生 24 人	武术馆	赵庆建

续表

时间	节目	人员	地点	编导
8 月 23 日	序幕　艺术体操	艺术体操专业学生 5 人	艺术体操馆	高扬、朱丹、张洋、王锦
	第一章　春	舞蹈专业学生 24 人	游泳馆舞蹈教室	王锦
	第一章　开元	武术专业学生 24 人	武术馆	杨静
	第二章　健美操	健美操专业学生 16 人	体操馆	王美
	第五章　拉丁舞	拉丁舞专业学生 20 人	四层舞蹈教室	陈灿
8 月 24 日	第二章　裙角飞扬	舞蹈专业学生 24 人	游泳馆舞蹈教室	王梓霏
	第三章　华尔兹	摩登舞专业学生 16 人	体操馆	王桂琴 王克
	第三章　雨中情	武术专业学生 24 人	武术馆	李凤梅
	第四章　街舞	拉丁舞专业学生 24 人	四层舞蹈教室	王莹
	第五章　艺术体操	艺术体操专业学生 14 人	艺术体操馆	高扬、朱丹、张洋
	第五章　武魂	武术专业学生 24 人	武术馆	赵庆建
8 月 25 日	序幕	艺术体操专业学生 5 人	艺术体操馆	高扬、朱丹、张洋、王锦
	第一章	舞蹈专业学生 24 人，武术专业学生 24 人	体操馆	王锦、杨静
8 月 26 日	第二章	舞蹈专业学生 24 人，健美操专业学生 16 人	体操馆	王梓霏、王美
8 月 27 日	第三章	摩登舞专业学生 16 人，武术专业学生 24 人	体操馆	王桂琴、王克 李凤梅
8 月 28 日	第四章	舞蹈专业学生 24 人，拉丁舞专业学生 24 人	体操馆	姚远、王莹

续表

时间	节目	人员	地点	编导
8 月 29 日	第五章	舞蹈专业学生 24 人，拉丁舞专业学生 20 人，艺术体操专业学生 14 人，武术专业学生 24 人	体操馆	冯爱云、陈灿、高扬、朱丹、张洋、赵庆建
8 月 30 日	节目合排 序幕 第一章 第二章 第三章 第四章 第五章	舞蹈专业学生 24 人，武术专业学生 24 人，健美操专业学生 16 人，摩登舞专业学生 16 人，拉丁舞专业学生 24 人，艺术体操专业学生 14 人	体操馆	总负责：王锦 编导：王锦、杨静、王梓霏、王美、姚远、王莹、冯爱云、陈灿、高扬、朱丹、张洋、赵庆建

注：①学生需提前 10 分钟进教室，换好衣服，进行活动和准备。

②8 月 1 日至 20 日排练时间为：9：00～12：00　14：00～17：00

8 月 21 日至 30 日排练时间为：9：00～12：00　13：30～17：00　18：00～20：30

日程如有变化，以当天通知为准。

③用同一组学生和地点排练的各位老师，请互相协商进行排练。

三、大型文体表演排练的步骤

（一）排练骨干队员

大型文体表演内容复杂且人数众多，只由少数教练员来训练是非常困难的，要在表演者中挑选思想作风好、工作认真负责、有一定组织能力和技术水平的表演者来担任骨干。培养一定数量技术骨干做助手协助教练员工作，通过介绍方案和实际训练，使他们熟悉表演内容，熟练掌握各个队形及变化方法，以及各个动作做法、要求、节拍和训练计划等。依靠他们进行示范动作、组织训练以及了解表演队员情况。骨干最好是在约20个表演者中选1名，在每次训练前骨干先掌握训练全部内容，训练后帮助进行小结，但要注意减轻骨干其他工作负担。

（二）分片、分组学习主要动作

分片学习是排练中最基础的训练，在分片学习阶段，各单位要严格按照排练内容和排练计划的要求，按时高质量地完成本单位所承担的表演内容主要动作。分片学习要循序渐进，注重动作质量的提高，如果分片练习得细致、整齐，将来的合练就会很容易。分练工作抓得好，可以为合练与表演打下良好的基础。

（三）整体合练

在分片练习的基础上，组织整个节目的合成训练。其目的、任务在于具体落实节目策划方案，完成在分片练习中无法解决的队形变化、动作配合与连接等问题，起到统一动作、相互交流、相互促进的作用。

四、大型文体表演排练与训练的方法

（一）技术骨干培训方法

大型文体表演技术骨干是排练和表演的核心力量，能够起到编导和教练无法替代的作用，特别是在繁重的排练过程中技术骨干既是具体示范者又是助教。技术骨干的人数可根据大型文体表演的规模、具体参加人数和排练需要而定。排练前先对技术骨干进行分工和培训，包括训练学习的动作、教学训练的方法、队形图案变化的形式与方法，而且要把技术骨干合理地分配安置在各个表演队形变化的重要位置，然后教练员可依靠他们的动作示范带领并组织演员排练。

（二）表演动作排练方法

大型文体表演的表演动作大致可分为一致性动作和不一致性动作两大类，需要针对这两类动作的特点，采取不同的方法进行排练，才能达到最佳的排练效果。基本功与难度动作应坚持经常练习，教练员应教会演员自己练习的方法。在学会基本动作后，可进行动作的连贯性的训练，最后配合队形图案的训练，在不同的队形上再仔细对动作的要求和规范进行磨练。

1. 一致性动作的排练方法

一致性的动作是指可以单人或多人，在同一时间内做同样或相似的动作，多在散点、综合队形上应用。一致性动作的排练主要以单一动作的训练为主，编导、教练员或骨干队员采用讲解法、示范法、纠错法，分片分块领做并纠错。

2. 不一致性动作的排练方法

不一致性动作是指以若干人为一组，在不同的时间内做同样的动作，从而表现出整体画面的动感效果。不一致性动作的排练一般采取小组示范法、分组轮换法、整体合练法等训练方法。练习前先分别讲明每个演员身体基本部位运动的方向、路线、动作过程、要领、要求及动作节拍等，之后在统一的慢口令下，一拍一拍地练习每一个动作，待动作的要求、规格基本都达到要求以后，再按正常速度在口令下完成，最后再配合音乐进行练习。

（三）替补人员训练方法

替补人员的确定与训练是大型文体表演正式演出顺利进行的安全保证，是一项不可忽视的重要工作任务。替补人员的选择与确定必须慎重对待，应由表演承接单位按照本单位参加演出人员的比例4 %左右，选择技术全面、应变能力强、头脑灵活的人担当替补人员。对替补人员的训练首先要解决认识问题，使他们明确替补人员的重要作用与训练任务。替补人员应和正式演员一起进行表演动作的学习与训练，要经常与各种不同位置上的演员交替训练，并且替补人员应与正式演员享受同样的待遇，各个场次的每个节目都要预留一定数量的替补人员。如果考虑不周、安排不当，遇到正式演员出现突发状况，就可能会出现无人候补，或替补上之后不能按要求熟练完成表演任务等情况，从而给最后的正式表演造成损失。

（四）表演队形排练方法

大型文体表演的艺术效果在很大程度上取决于队形变化的迅速、准确、自然、流畅。在实际的排练中，队形变化的整体一致性，线与面的交替变化等能引起演员自觉的兴趣，使之获得较快的成功感及较好的效果。队形排练是大型文体表演排练工作中较容易完成的一项训练任务，但要想完成好却需要演员之间长时间的磨合与训练才能达到彼此间的默契与协调。

在队形排练之前，应让演员通过直观的图示（卡片、挂图、板图、幻灯、PPT、移动客户端图片分享）、动画或节目策划方案演示等，基本了解场面的全局简况、队形设计含义和队形的变化路线与方法。通过讲解的方法使每个演员在思想上清楚自己即将要进行队形变化的具体路线。队形排练时应使每个演员明确自己的编号和位置，明确指出基准人、基准行或基准排，使其他人有明确的目标，以此为目标进行变化队形的训练。我们可以采用只走队形不做动作的方式，进行最初的队形路线变化训练；在掌握了每一个队形之后，让表演者结合动作完成队形的变化；之后再进行动作与队形连续变化的训练，主要是为了让表演者熟悉队形与动作的连接匹配和各种位置之间的连接变化；最后再结合音乐进行队形动作的演练。此外，每种队形变化带头的演员很重要，一定要选择音乐感和方位感好的演员来担任。

（五）表演图案排练方法

表演图案的排练与队形的排练相似，所不同的是图案的组成较为复杂，排练起来相对困难。在排练表演图案之前，应按照每一个具体图案的站位图（图8－1－1、8－1－2）把各单位所承担的图案位置和人数分配讲解清楚，先由各单位的教练按规定完成各自承担图案部位的排练任务，按站位图安排好每个演员的具体站位点。在表演图案训练的过程中，充分利用场地设置的基本点，要求表演者每移动一个位置就迅速以基本点为参照记忆自己的位置，在队形进行移动变化的时候掌握自己移动的方向（前、后、左、右、斜），在经过几个点的移动变化后与相邻的人之间相距多少个点等。表演图案的变化排练也可应用“基准人”的训练方法，根据预设的图案轮廓标记点，由教练和技术

图8－1－1 小海豹图案

骨干分别带领表演者移动到规定的位置上。待到队形图案移动和定位比较熟练与准确时，再加表演动作进行训练，最后再配乐进行排练。

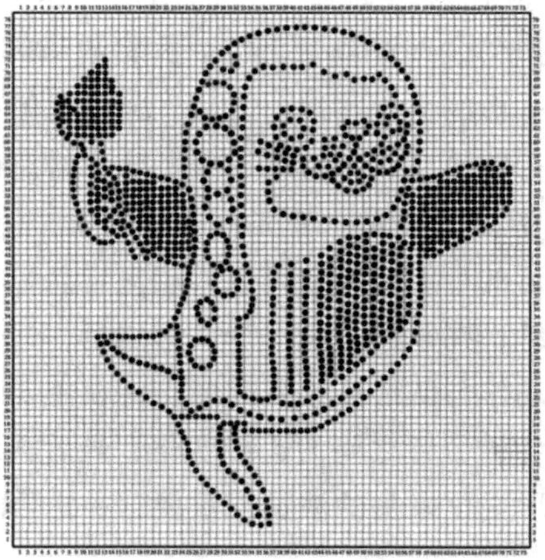

图 8－1－2　小海豹图案站位图

（六）进场退场排练方法

进场排练需要与进场后第一个队形紧密配合起来，因为进场队形是在第一个表演队形基础上变化组成的。而进场前的队形预备位置应考虑表演者的年龄、水平及训练时间等因素，预备位置尽可能“缩小、隐蔽”队形及方位，做到不影响场上的表演，并使本场表演具有新奇、突变的效果。排练时如果进场后的第一个队形难度比较大，而表演者水平一般、年龄较小或较大，并且训练时间较短，则应考虑采用过渡法进场；如果表演者具有表演经验，且训练时间比较长，具有较高的接受能力，而为了达到较好的表演效果，应考虑采用直接法；还有一种进场的方法叫做层次法，主要适用于本场的变化或上下两场的交替变化，在本场使用主要起到递进主题、升华主题的目的，在上下两场交替变化时使用，主要起到巧妙连接、过渡的作用。

退场队形需要与最后一个表演队形紧密配合起来，因为退场队形也是在最后一个表演队形基础上变化形成的。退场队形，应与下一场表演的进场方向、形式、道具、队形、行进速度等因素有机配合，原则上应按保证下一场表演进场队形的合理进入而设计确定。排练时应先确认本场表演退场是否与下场表演衔接还是独立退场结束。如果需要与下一场表演衔接，可将本场表演的最后一个队（图）形作为下一场表演的铺垫，本场表演结束时先勾画出一个图案的框架（定位），下一场表演者进入时，这个图案先保持不动，下一场表演者进入场地后为这个图形完形，两场表演者共同构成一个过渡的图案，这时第一场的表演者再以设计好的方式抽离或退出表演场地，在队形图案的叠插中完成交错进退场的衔接任务；如果本场演出不需要与下一场演出进行进退场的衔接，而是由本场演员独立完成退场，常采用先密集队形，再以整齐、快速的行进动作退场，密集队形的方位可根据退场的人数、方向、表演意图等，设计成先全体集中于中部、前部、后部或表演场地一侧，再向前、侧、后集体或若干部分从不同方向退出。

（七）音乐与口令排练方法

在大型文体表演中音乐是主要的指挥信号（背景表演除外），在一般情况下，从进场、表演到退场，都是在音乐的节奏和旋律中完成的。在排练的过程中，一般先采用口令指挥完成动作，随着动作熟练程度的提高，逐步要求表演者熟悉并学唱各段音乐主旋律；在此基础上集中讲解并示范队形变换的音乐起止点、动作启动音乐起止点；采取边唱边做的方法逐步代替口令；最后配合音乐进行排练，教练用扩音器在音乐中用简单明确的口令提示动作和队形的变化；最终由表演者独立按照音乐完成动作和队形变化。

第二节　合　成

一、准备工作

（一）表演指挥系统

表演指挥系统运转是否正常是正式表演顺利进行的保证。由总指挥及其团队对指挥系统进行监督检查，一般通过通讯设备进行联络，必要时可派专人进行直接指导。表演指挥系统岗位设置及人员的组成应根据表演的需要而定，通常由下列岗位人员组成（图 8 －2 －1）：

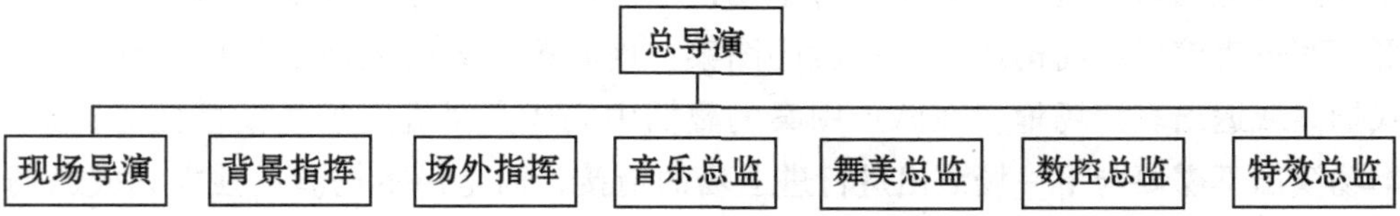

图 8 －2 －1　表演指挥系统岗位设置图

（二）表演场地布置

1. 布置场地步骤

第一步，绘制场地坐标图、准备实际操作工具和确定布置场地人员。

第二步，现场确定标志点（打点）。

第三步，给标志点做标记。

2. 布置场地方法

（1）绘制场地坐标图：在坐标图或电脑上进行绘制，根据场地实际面积，按照一定比例呈现在图上。首先标明场地方位与主席台位置；其次建立场地直角坐标、标明中心线、中心点、前后边线、基本点、辅助点、特殊点位置和颜色等（图 8 －2 －2）。另注，前端的边线与场地跑道边缘之间要预留 1.5 米距离。绘制图纸最好以建筑工程设计晒图纸呈现出来，大小以适合操作为宜。

（2）现场确定标志点，步骤如下：

①确定场地中心线“A——B”又称“AB”线：以主席台正中位为基点，拉出并确定中心线。A 点定位，在中心线上场内距离跑道边线 1.5 米处；B 点是后端距离跑道边线 1.5 米处。

②确定场地中心点“O”：依据中心线“AB”线确定中心点。

③前边线“C——A——D”又称“CD”线：由 A 点向两侧延伸，平行于主席台或跑道，两个端点重合于两个足球场底线，形成左 C 点、右 D 点（从主席台看场地）。

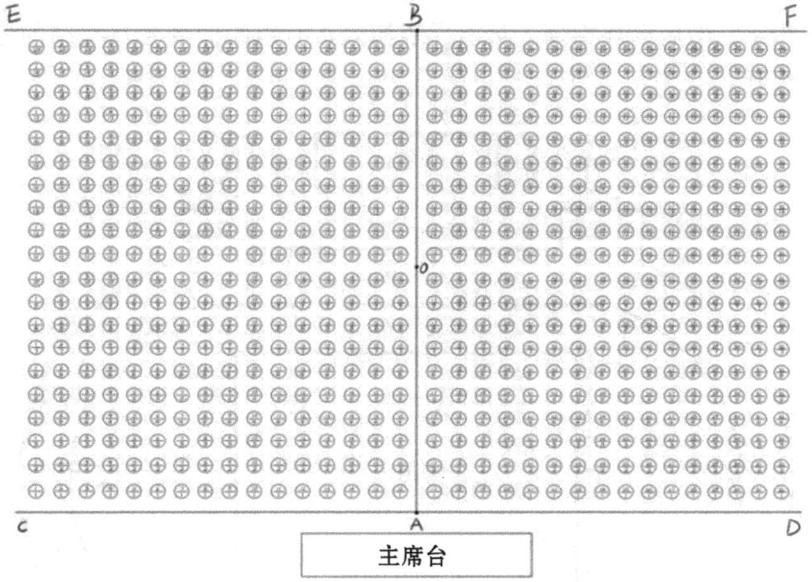

图 8－2－2　场地坐标图

④后边线“E——B——F”又称“EF”线：参照 C、D 两点可以得出。

⑤确定直角坐标点：依据“CE”连线和“CD”线形成直角坐标，在两线上确定坐标点，EF 和 AB 线上也要确定相应坐标点。

一般横坐标左右距离在 2～3 米之间，纵坐标的前后距离相应比横坐标要小一些。根据这些坐标点来确定场地中间每个辅助点。

（3）做标记：直角坐标标记一般直接标注在场地平面上，包括 EF 线和 DF 线。根据场地情况使用相应材料，做到表演最后一个节目时依然可以辨别。当前大型文体表演不适合使用立体标记，特殊点可采用不同颜色来区别。

（三）表演人员集结与疏散

集结必须根据总指挥要求，按照规定集结时间、地点将各个表演单位及其人员集结起来，进入表演前临战状态（图 8－2－3）。场外指挥人员与各个表演单位在集结时必须做的工作有：确定候场地点准确无误、再一次明确入场口、明确到达路线与移动队形、明确出发时间、检查人数、检查服装和表演用具。疏散时一般从出口出来，然后场外指挥人员引导表演人员有组织回到各自集结的地点，之后有计划离开。

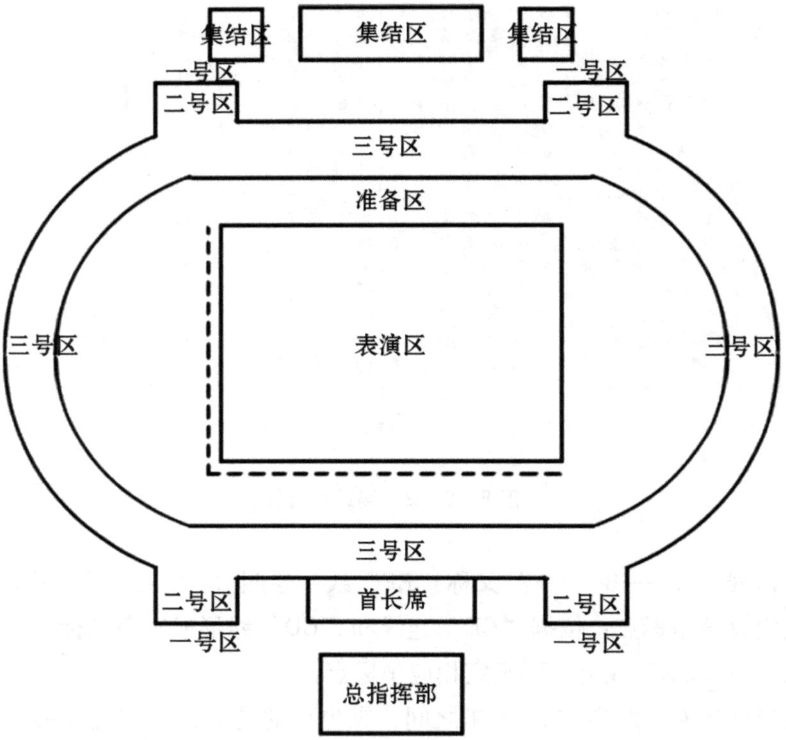

图8－2－3　场地图

二、表演合成

大型文体表演的合成工作是决定整个演出成功与否的关键环节，为了最后正式演出的顺利进行，一次次不同层级的合成就好比将整个大型文体表演节目看作是一个巨大的整体，通过局部环节的层层合成，最后组装成一个复杂庞大的整体。

（一）分场合排

一般来说，每一台演出都是由几幕或几场表演组成的，这个环节是将每一场的若干个节目连起来进行合排，主要解决每个节目的上下场、队形变化的衔接和节目之间的连接问题，检查各分场的整体表演效果，进一步改进与完善表演方案，相互观摩，促进提高。

（二）走 台

由于大型文体表演前期的排练工作一般是在各单位就近的训练场地进行排练，与最后正式演出的场馆大小比例还不完全相同，所以在排练工作基本完成以后，导演组会组织所有表演者到正式表演的场馆进行具体的站位，根据标志点确定每个人在每一个节目、每一个图案和每一次队形变化时的最终表演位置。

1. 制定走台计划表

（1）走台计划表制定的原则

在最后合成阶段走台计划表的制定需要综合考虑到参演单位和表演者的休息、接送与食宿情况，组委会后勤保障部门的各项服务工作安排与人员保障，以及导演组和现场指挥服务系统的工作安排，最终由导演组制订走台计划表（表 8 - 2 -1）。

如果以快速达到演员与现场指挥系统的默契与配合为走台计划表制定原则，应该按照表演节目的顺序依次进行各场次每个节目的走台工作；如果以考虑参演单位的组织管理、表演者的体力与耐力、后勤保障部门对演员接送、休息、吃饭等因素，也可以按参演单位的时间来制订走台计划表，一次性走完一个参演单位承担的所有节目，再轮到下一个单位，这样做的优点是便于管理和接送演员，演员可以得到合理的休息，但缺点是节目的顺序容易混淆，整个节目表演流程的衔接和顺序感不易建立。

例：2012 年第四届少数民族文艺会演开幕式走台计划表

第四届全国少数民族文艺会演开幕式国家体育馆走台计划表

日期	时间	节目	演员	导演	备注
6月6日	8：30－10：30	《凤舞蝶飞》	中央民族歌舞团 中央民族大学 56男，60女	苏亚菲 柯书剑	
	10：30－12：30	《故乡情》	8名歌手 中央民族大学 贵州歌舞剧院 红河州歌舞团 75男，70女	张惟 陈冠眉	
	13：30－15：30	《山谷木屐》	中央民族歌舞团 中央民族大学 60女	唐勤琴	
	15：30－17：30	《羌山妙音》 《羌族肩铃舞》	西南民族大学 四川阿坝羌族歌舞团 66女	王代琼	
	18：30－20：30	《我心爱的伽倻琴》	延边歌舞团24女 中央民族大学30女	王锦	乐器：伽倻琴
	20：30－00：00	《花儿漫漫》	宁夏艺术学校 中央民族歌舞团 60女	王玉梅 姜美红	
6月7日	8：30－10：30	《盅、碗、筷》	内蒙古歌舞团 60男，30女	呼格及勒图	道具：筷子、酒盅、碗
	10：30－12：30	《山歌》 《水姑娘》	歌手1人 贵州歌舞剧院 中央民族歌舞团 60女	张茜	

续表

日期	时间	节目	演员	导演	备注
	13：30－15：30	《出嫁歌》《短调海菜腔》	凉山歌舞团 红河州歌舞团 60女	王家敏	
	15：30－17：30	《壮乡美》《花香裙雨》	歌手3人 中央民族歌舞团 中央民族大学 北方民族大学 60女	王锦	道具：铜鼓

2. 单个节目进行走台

每个节目按照走台计划表的日程安排依次进入表演场地进行走台站位，要求每个演员按照现场的标志点清楚自己从几号位置经过什么样的路线移动到几号位置，经过几次反复排练实践最终确定并记住自己的位置，以确保表演时每次移动站位都准确无误。

（三）合　光

1. 制订合光计划表

例：2015年第二届全国大学生体育院系艺术节开幕式表演《武动巅峰》合光表

第二届全国大学生体育院系艺术节开幕式大学生体育馆合光表

日期	时间	节目	演员	导演	备注
11 月 29 日	10：00 - 10：30	序	武仙，小林 第一幕演员 3 人 第二幕演员 2 人 第三幕演员 5 人 第四幕演员 3 人	王锦 李昂	桌子 1 张 椅子 1 把
	10：30 - 12：00	第一幕 武之源	武仙，小林 武术专业 2014 级 舞蹈专业 2014 级	余梦露	神杖 1 把 木棍 20 个
	12：00 - 13：00				午餐
	13：00 - 14：00	第二幕 武之战	武仙，小林 武术专业 2013 级	李昂	盾 14 个 刀 7 把 朴刀 4 把 旗子 1 面 木桶 4 个 木盆 2 个
	14：00 - 15：00	第三幕 武之秀	武仙，小林，皇帝 舞蹈专业 2013 级、2014 级、2015 级	姚远	龙椅 1 把 案桌 2 个 灯笼 12 个 短刀 8 对
	15：00 - 16：00	第四幕 武之流	武仙，小林 武术专业 2014 级	王锦	荷花灯 16 盏 旗子 8 面 狮子 2 只 峨嵋刺 7 对 剑 7 把 木棍 1 个

续表

日期	时间	节目	演员	导演	备注
	16：00－17：00	尾声 武之梦	武仙，小林 武术专业2013级 舞蹈专业2014级 外国留学生	王梓霏	刀2把 朴刀1把 水流星1副 鲜花1束

2. 单个节目进行合光

所有表演人员按照合光表的日程安排，穿表演服装，带头饰、配饰，拿道具，在分场导演的指挥下，配合灯光设计与灯光操控组共同完成每个节目表演与灯光的合成，同时配合布景与背景，完成整体舞台艺术设计的合成。

（四）联　排

联排是将各分场表演按照演出顺序和演出流程，将整场表演连接成一个整体的重要过程。联排需要要求所有演职人员全部到位，穿服装、拿道具，配合音乐、灯光、布景、背景、特效一起完成。其目的主要是解决各场次之间的人员上下、布景转换、背景切换等过渡衔接问题，审定总体表演效果。

（五）彩　排

大型文体表演的彩排是全部场次表演合成联排完成后，在预演前的最后总合成。其目的主要是对前期的编创、排练与合成工作进行一次全面的检查和最后的调整完善，并为正式演出做好各方面的准备。彩排可以根据实际情况安排1～3次，时间提前2～8天，彩排的主要任务是：

1. 全面检查场内表演、音乐、背景、服装、化妆、道具、灯光和特效等技术方面的相互配合与现场合成效果。

2. 检验组织系统与指挥系统的运行是否畅通、严谨、有效。

3. 检查场地布置、音响设备、交通运输、安全保障及有关物资保证工作。

（六）预　演

大型文体表演的预演是完全按照正式表演标准和要求进行的实战演练，是正式表演的提前“复制”，其场景、画面和视频完全可以用于后期的公开宣传和资料保存。通过预演，最后检查彩排中表演技术层面出现问题的调整是否完善并达到要求，检验表演者在有观众的环境下完成表演任务的水平和情况，全面检验整体活动各项内容的运行系统是否顺畅，检验各项工作能否达到预期的要求及效果，特别是安全保卫，票、证分发和收检，演出指挥人员、演员、观众等进、退场的协调疏通。通过预演，为确保正式演出的圆满成功做好各方面的准备工作，不仅可以总结经验、发现问题，最重要的是能够及时解决问题。

（七）演　出

大型文体表演正式表演的准备要在认真总结预演工作经验的基础上，进一步调整与完善演出各部门间的协作配合，周密计划，严格组织，充分做好正式演出前的一切准备工作，出色地完成表演任务。除了对各个容易出现问题的细节重点准备外，还要做好各种突发事件处理的预案。

1. 正式表演前的准备工作要点

（1）在正式表演前特别要加强思想动员，精练简短地提出演出前的要求，明确责任，增强信心。

（2）全体演职工作人员至少提前 3 小时进入表演场馆指定位置进行准备。

（3）各场次的负责人和教练员清点正式表演人数和替补队员人数，反复检查各重要位置的主要人员，如发现个别生病或离场的人员，应立即从替补队员中补充。

（4）检查音响、灯光、多媒体、特效设备，是否准备正常，服装、道具有无损坏，是否齐全。

2. 表演工作

整个表演队伍就等总导演发出开始的命令，一旦命令下达，整个表演工作便有条不紊地进行。在正式表演过程中，尤其要注意的是演员的候场、进场与退场，提前三个节目到达第一准备区，提前一个节目到达第二准备区，退场时快速疏导，跑出表演场地。

3. 表演结束后工作要点

（1）服装组和道具组收缴并保存好表演服装、道具。

（2）舞美工作人员拆卸灯光、音响、布景等各种设备。

（3）场外指挥负责疏导观众和演职人员快速撤离表演场馆。

思考题

1. 排练阶段的任务有哪些？
2. 如何制订排练计划？
3. 大型文体表演排练的步骤都有哪些？
4. 大型文体表演排练与训练的方法都有哪些？
5. 表演指挥系统包括哪些岗位？
6. 如何撰写走台计划表和合光表？
7. 简述表演动作的排练方法。
8. 简述表演队形的排练方法。
9. 简述表演图案的排练方法。
10. 简述进退场的排练方法。
11. 简述表演场地布置的步骤与方法。
12. 简述走台计划表制订的原则。
13. 辨别联排、彩排、预演三种合成方式的区别。

参考文献

[1](后晋)刘昫,等. 旧唐书[M]. 北京:中华书局,1975.

[2]周礼,十三经注疏[M]. 北京:中华书局,1980.

[3]礼记,四书五经 中册 礼记集说[M]. 北京:中国书店,1985.

[4]徐培文. 团体操的编创与训练[M]. 北京:人民体育出版社,1981.

[5]毛学信,田赐福,等. 中国团体操[M]. 武汉:华中理工大学出版社,1988.

[6]李重光. 音乐理论基础[M]. 北京:人民音乐出版社,1998.

[7]吴祖强. 曲式与作品分析[M]. 北京:人民音乐出版社,1998.

[8]郑幸红,张涵劲. 团体操编创理论与实践[M]. 厦门:厦门大学出版社,2001.

[9]王克芬. 中国舞蹈发展史[M]. 上海:上海人民出版社,2003.

[10]吕艺生. 大型晚会编导艺术[M]. 上海:上海音乐出版社,2004.

[11]孙天路. 中国舞蹈编导教程[M]. 北京:高等教育出版社,2004.

[12]金秋. 舞蹈编导学[M]. 北京:高等教育出版社,2006.

[13]张予南,高留红. 团体操[M]. 北京:北京体育大学出版社,2007.

[14]倪旭芬. 团体操编创理论与技术[M]. 北京:中国社会出版社,2007.

[15]鲍黔明,等. 导演学基础教程[M]. 北京:文化艺术出版社,2007.

[16]崔乐泉. 中国体育通史[M]. 北京:人民体育出版社,2008.

[17]韩生,胡佐. 舞台设计概论[M]. 北京:文化艺术出版社,2008.

[18]王宏建. 艺术概论[M]. 北京:文化艺术出版社,2010.

[19]邱建钢,柯为国. 团体操基础教程[M]. 北京:人民体育出版社,2012.

[20]喻建辉,等. 造型基础:透视 · 构图 · 解剖[M]. 北京:北京师范大学出版社,2012.

[21]李永红. 团体操实用教程[M]. 济南:山东人民出版社,2014.

[22]孟昭鑫. 大型文体表演[M]. 北京:高等教育出版社,2014.

[23]袁禾. 中国舞蹈通史[M]. 北京:人民音乐出版社,2016.